中华文明的智慧结晶

中共中央党校『中华文明与中国道路研究』项目组◎编著

中国出版集团有限公司
研究出版社

图书在版编目 (CIP) 数据

中华文明的智慧结晶 / 中共中央党校“中华文明与中国道路研究”项目组编著. -- 北京 : 研究出版社, 2023.3

ISBN 978-7-5199-1439-4

Ⅰ. ①中… Ⅱ. ①中… Ⅲ. ①中华文化 – 研究 Ⅳ. ①K203

中国国家版本馆CIP数据核字(2023)第043161号

出 品 人：赵卜慧
出版统筹：丁　波
责任编辑：寇颖丹
助理编辑：何雨格

中华文明的智慧结晶
ZHONGHUA WENMING DE ZHIHUI JIEJING
中共中央党校“中华文明与中国道路研究”项目组　编著
研究出版社 出版发行
（100006　北京市东城区灯市口大街100号华腾商务楼）
北京隆昌伟业印刷有限公司　新华书店经销
2023年3月第1版　2023年3月第1次印刷
开本：787毫米 × 1092毫米　1/32　印张：5
字数：71千字
ISBN 978-7-5199-1439-4　定价：48.00元
电话（010）64217619　64217652（发行部）

中共中央党校
“中华文明与中国道路研究”项目组
部分成员

王学斌 文史教研部教授，中国史教研室主任，项目组首席专家

王　煦 文史教研部副教授，科研秘书，项目组执行专家

赵璐璐 文史教研部副教授，中国史教研室副主任，项目组执行专家

周励恒 文史教研部讲师

杨家刚 文史教研部讲师

何青翰 文史教研部讲师

序

PREFACE

接续文明源流，推进理论创新

新时代十年，中国共产党的文化理论取得重大创新。从文化自信理论的提出，到中华优秀传统文化的创造性转化创新性发展，从党的十九大报告指出发展中国特色社会主义文化要坚守中华文明立场，到“两个结合”的提出，再到党的二十大报告指出中华优秀传统文化同科学社会主义价值主张具有高度契合性，可以说，中国共产党的文化气象越发恢宏，彰显了新时代中国共产党非凡的文化襟怀与文化抱负。

这些重大理论创新，需要我们党的理论工作者加以深入研究，用学术讲政治，把党的重大政治判断与理论判断中的学理充分阐释，让党的文化理论创新成果接续中华文明发展源流，引领中华文明发展新趋势。

《中华文明的智慧结晶》一书就是中央党校（国家行政学院）文史教研部“中华文明与中国道路研究”项目组联合学界诸位学者的努力之作。他们对党的二十大报告中概括的“天下为公、民为邦本、为政以德、革故鼎新、任人唯贤、天人合一、自强不息、厚德载物、讲信修睦、亲仁善邻”等十个词，探其源流，辨其演变，进而阐释其时代新义。全书文字清新，意涵隽永，令人耳目一新，非常值得一读。

2023年是中央党校建校90周年。习近平总书记在中央党校建校90周年庆祝大会暨2023年春季学期开学典礼上的讲话中深刻指出：“理论阐释要以深入研究为基础，研究深入，阐释才能透彻。各级党校特别是中央党校要进一步拓展研究阐释的深度和广度，充分发扬理论联系实际的优良学风，充分发挥自身的学科优势、学术优势、话语优势，加强对新时代中国特色社会主义思想的研究阐释工作，在体系化、学理化上下功夫，把党的创新理论的时代背景、科学体系、精神实质、实践要求、原创性贡献研究深、阐释透，用通俗易懂的语言将其中的道理学理哲理讲得令人信服，切实把鲜活的思想讲鲜活，把彻底的理论讲彻底，有力推动党的创新理论深入人心。”①

回首往昔，90年来，中央党校文史学科为马克思主义中国化时代化做出了重大贡献。展望未来，新时代新征程，我们更要坚守初心，锐意进取、奋发有为，做好理论研究、对策研究这个探索规律、经世致用的大学问，在党的创新理论研究阐释、推进党的理论创新、为党和政府建言献策等方面推出高质量成果，为全面建设社会主义现代化国家、全面推进中华民族伟大复兴作出新的贡献。

是为序。

张　军

2023年3月30日

---

① 习近平：《在中央党校建校90周年庆祝大会暨2023年春季学期开学典礼上的讲话》，《求是》2023年第7期。

目录 CONTENTS

中华文明的智慧结晶

何青翰　王学斌

党的二十大报告指出，中华优秀传统文化源远流长、博大精深，是中华文明的智慧结晶，其中蕴含的天下为公、民为邦本、为政以德、革故鼎新、任人唯贤、天人合一、自强不息、厚德载物、讲信修睦、亲仁善邻等丰富思想，是中国人民在长期生产生活中积累的宇宙观、天下观、社会观、道德观的重要体现，同科学社会主义价值观主张具有高度契合性。

本书对中华文明的智慧结晶予以解读，阐释其古典含义如何通过创造性转化、创新性发展，在新时代彰显恒久价值。

天下为公

“天下为公”典出于《礼记·礼运》，其原文为“大道之行也，天下为公”。“礼”是奠定中华文明的核心理念之一，《礼记》为儒家经典“三礼”之一。《礼运》为《礼记》的第九篇，全文总体上论述“礼”的起源及其效用，同时以“大同”“小康”为主体架构，在其历史变化的叙事中，呈现了中华文明关于理想社会的早期构想。所谓“大道之行也，天下为公”，应该解释为：大道行于天下的时候，天下就为天下人所共有，权力成为天下人的公器，德行卓著、才能卓越的人，便会被人民推选为国家的管理者。孔子之后，“天下为公”的思想得到了历代儒家的继承。“天下为公”作为社会理想深刻影响了中国的历史进程，成为历代政治改革以及近现代中国革命中屹立不倒的一杆大旗。

2017年10月18日，习近平总书记在党的十九大报告中指出：“大道之行，天下为公。站立在九百六十多万平方公里的广袤土地上，吸吮着五千多年中华民族漫长奋斗积累的文化养分，拥有十三亿多中国人民聚合的磅礴之力，我们走中国特色社会主义道路，具有无比广阔的时代舞台，具有无比深厚的历史底蕴，具有无比强大的前进定力。”“天下为公”这四个字充分反映了中国人民与中华文明胸怀天下的博大气魄以及对于公平与正义的伟大诉求。这种博大气魄以及伟大诉求，在中国共产党人身上得到了充分继承与发扬。

民为邦本

“民为邦本”典出于《尚书》中的《五子之歌》，其原文为“民为邦本，本固邦宁”。《尚书》被视为中国古代的第一本“政治教科书”，在思想上奠定了中华文明的政治格局，为中国人的政治生活提供了基本的指南。所谓“民为邦本，本固邦宁”，应该解释为：人民是国家的根本，只有作为根本的人民得到稳固，国家才能长治久安。这八个字，直接说明了国家的基础与目的，凸显了“人民”在政治中的关键地位。可以说，经由《尚书》“民为邦本”观念发展而来的“民本”思想，贯通了中国古代历史的进程，成为历朝历代的一条“铁律”——必须“亲民”“爱民”，将百姓的安乐作为执政的保障。

这条“铁律”，经过中国共产党人的锻造、创造性的转化，生成为“人民”的历史主体性。中国共产党人坚持人民至上，既是对“民本”思想的继承，更是对其的弘扬与超越。2015年11月，习近平总书记在中央扶贫开发工作会议上发表重要讲话。他指出，得民心者得天下。“民为邦本，未有本摇而枝叶不动者。”“天下之治乱，不在一姓之兴亡，而在万民之忧乐。”我们党和我国社会主义制度能够永葆生机，就是因为我们党始终坚持为民服务，为民造福。

为政以德

“为政以德”典出于《论语·为政》，是孔子对于如何执政做的具体解释，其原文为“为政以德，譬如北辰，居其所而众星共之”。“德”是中华文明思想系统中一个极为独特且重要的概念。“德”的概念出现于孔子之前，周代便有“皇天无亲，惟德是辅”的说法，认为“德”是最重要的政治品质。所谓“为政以德”，应该解释为：依据道德治理国家，便会如同北极星处在自己应有的位置上，众多的星辰井然有序地环绕、拱卫。孔子之后，“德治”便成为中国古代政治的基本法则。为政者必须培养自身的道德品质，才能以身作则，形成道德的感召力，令百姓信服。

中国特色社会主义事业的根本在于人民，而人民是否拥护执政党，与领导干部的道德操守直接相关。2003年至2007年，时任浙江省委书记习近平同志，在《用权讲官德，交往有原则》《多读书，修政德》《做人与做官》等文中，将共产党人的官德概括为为民、务实和清廉，并提出要“常修为政之德、常思贪欲之害、常怀律己之心”。2018年3月，习近平总书记在全国两会期间强调，“领导干部要讲政德。政德是整个社会道德建设的风向标。立政德，就要明大德、守公德、严私德”。作为中国共产党的领导干部，必须重视道德人格的养成。

革故鼎新

“革故鼎新”典出于《周易·杂卦》，其原文为：“革，去故也；鼎，取新也。”鼎、革，都是卦名，均为六十四卦之一。革，即革除旧物；鼎，即建立新章。所谓“革故鼎新”，应该解释为：破除陈旧的、不适宜的，建立崭新的、合宜的。“变易”观念是整部《周易》的精华所在，在《周易》前后相继的六十四卦中，卦象各有差异，但没有任何一卦是停止不变的，这象征着世间万物所处的永恒变化的基本状态。因此，“革故鼎新”提醒我们必须把握规律，适应变化。中华民族向来是具备创新能力与求新意愿的，这种精神在《周易·系辞》“穷则变，变则通，通则久”的表述中得到了深刻揭示。

2021年2月，习近平总书记在党史学习教育动员大会上指出：“在近代中国最危急的时刻，中国共产党人找到了马克思列宁主义，并坚持把马克思列宁主义同中国实际相结合，用马克思主义真理的力量激活了中华民族历经几千年创造的伟大文明，使中华文明再次迸发出强大精神力量。”中华文明是富有活力、生机勃勃的文明，随着时代发展进步，这种开创精神更加熠熠生辉。新征程上，各种具有创造性的力量得以更大释放，一定会推动中华民族伟大复兴号巨轮乘风破浪、扬帆远航。

天人合一

“天人合一”典出于《正蒙·乾称篇》，其原文为“儒者则因明致诚，因诚致明，故天人合一，致学而可以成圣，得天而未始遗人”。《正蒙·乾称篇》为北宋大儒张载所作，主要是为了说明儒家的世界观以及相关的修身要求，而其理论源头又在于《周易》。在《周易》中，天之于人，通过阴阳五行予以生成、造化，因此天人之间有着深刻的内在关联。这种关联性思维贯穿了先秦文化经典以及此后中华文明的整个发展历程。张载所说的“天人合一”，实际上正是千百年来中华文明的凝练表达。在这种理想的图景中，人保持着对于天地宇宙的敬畏与热爱，由此使自身的道德人格得以挺立，从而与自然共处于和谐、从容的共生状态，最终进入超越自身、融洽万物的圣贤境界。

我们要建设社会主义现代化国家，必然追求永续发展之路。2021年4月，习近平总书记在领导人气候峰会上的讲话指出："中华文明历来崇尚天人合一、道法自然，追求人与自然和谐共生。""同舟共济、守望相助，人类必将能够应对好全球气候环境挑战，把一个清洁美丽的世界留给子孙后代。"在建设现代化国家的过程中，我们应当对自然心存敬畏，取之有时、用之有度，维护人与自然万物之间的平衡，实现人与自然和谐共生，汲取"天人合一"的传统智慧，推动建设人与自然和谐共生的现代化。

厚德载物

"厚德载物"典出于《周易·坤卦·象传》，其原文为"地势坤，君子以厚德载物"，其用意在于体现天地阴阳相生而涵养万物。所谓“地势坤，君子以厚德载物”，应该解释为：大地本于坤道，君子应效法坤道，以宽广深厚的德性承载万物、与时偕行。自古以来，中国人即深刻认识到，“坤”所象征的大地，是一切生命得以孕育、成长、壮大的根本，也可以说是“厚德载物”的直接对照。而人之奋斗、生活，必须培养宽厚、包容的品格，在以我为主、积极进取的前提下，尊重不同、维持多元，怀抱谦卑柔和的态度，以求各美其美、美美与共。

2018年12月，习近平总书记在庆祝改革开放40周年大会上发表重要讲话，引用“地势坤，君子以厚德载物”以表述中华民族“天下大同”“协和万邦”的宽广胸怀。我们深知，中华文明之所以绵延5000多年，就在于自信而又大度地坚持对外交往，汲取优秀外来文化。建设中国特色社会主义现代化国家，既需要积极进取的精神，也需要宽大包容的胸襟，以德为本，推己及人，尊重、学习世界上一切不同文明的长处，力求和谐共处，共同进步。

任人唯贤

“任人唯贤”典出于《尚书·咸有一德》，其原文为：“今嗣王新服厥命，惟新厥德。终始惟一，时乃日新。任官惟贤材，左右惟其人。”《咸有一德》一文记录了伊尹对太甲所做的劝诫。大意为：天命无常，唯有修德、用贤，才能长保君位。选贤、用贤，是中国古代政治推崇的一个基本原则。所谓“任官惟贤材，左右惟其人”，应该理解为“任用官吏当选贤才，任用大臣当选忠良”。在上古时代，尧舜之间传贤而不传子，将公职开放于庶民大众，成为以公代私、服务大众的伟大典范。至于先秦时代，诸子百家都相应地提出了以品德、才能作为选官标准的各种理论，如儒家提出的“选贤举能”、墨家提出的“尚贤”、法家提出的“公举”，此后历代发展建立的察举制、科举制，都是这一思想传统的具体产物。现在，“任人唯贤”已经写入党章。

2018年11月26日，习近平总书记在十九届中央政治局第十次集体学习时强调：“用人以公，方得贤才。公正用人是我们党立党为公、执政为民在组织路线上的体现，应该成为我们选人用人的根本要求。”用一贤人，则群贤毕至。可见“任人唯贤”是中国共产党选拔、培养、使用和管理干部的根本要求，也是中国共产党一贯坚持和执行的组织纪律。

讲信修睦

“讲信修睦”典出于《礼记·礼运》，其原文为：“选贤与能，讲信修睦。故人不独亲其亲，不独子其子，使老有所终，壮有所用，幼有所长。”《礼运》篇在整体上论述了早期中国对于理想社会的构想，“讲信修睦”应该解释为：人与人之间讲求信义，建立和睦关系。先秦即有“仁义礼智信”之说，“信”为儒家所推崇的五个基本美德之一，主要对应于公共生活中人与人之间交往所应保持的基本原则。如《论语》所记孔子之言“自古皆有死，民无信不立”“人而无信，不知其可也”。当然，不仅讲求信用已经成为社会普遍遵守的美德，邻里、彼此之间的和睦关系也应得到建立与维护。因此，“修睦”可以视为“讲信”的推进与扩充。

2021年10月，习近平总书记在二十国集团领导人第十六次峰会上的讲话指出：“中国古人说：‘诚信者，天下之结也。’就是说诚信是结交天下的根本。”用古语向世界传播中国声音，传达中国方案。诚信、友爱，是文明社会的题中之义。每个人都应该把信誉作为安身立命之本，同时关爱他人、关心社会。

亲仁善邻

“亲仁善邻”典出于《左传·隐公六年》，其原文为“亲仁善邻，国之宝也，君其许郑”。《左传》为先秦时期史官左丘明关于《春秋》所做的具体传注，起自鲁隐公元年，迄于鲁哀公二十七年，以记事为主，兼载议论，作为一部完整的编年体史书，对后世影响深远。鲁隐公六年，郑庄公攻打陈国，大获全胜。在此之前，郑庄公曾派使臣与陈国讲和，陈桓公予以拒绝。大臣五父劝谏陈桓公：“亲仁善邻，国之宝也。”其意为：坚持亲爱仁义之道，与邻国友好相处，这是保卫国家的法宝。古代中国始终坚持追求稳定与和平，不以侵犯他人、掠夺他人为荣。《管子》亦有此说：“明主内行其法度，外行其理义，故邻国亲之，与国信之，有患则邻国忧之，有难则邻国救之。”

在中华文明流淌的血脉中，体现出民族独有的内敛与厚重，坚信自食其力、与人为善乃是长治久安之策。明朝时期，郑和率世界上最强大的舰队七下西洋，未曾侵略一国、劫夺寸土，与一百年后欧洲殖民者在非洲、美洲的暴行形成了鲜明对比。2019年5月，习近平总书记在亚洲文明对话大会上发表主旨演讲时强调，“中华文明始终在兼收并蓄中历久弥新。亲仁善邻、协和万邦是中华文明一贯的处世之道”。人类和平与发展的事业是崇高的事业，中国始终是世界和平的建设者、全球发展的贡献者、国际秩序的维护者。

自强不息

“自强不息”典出于《周易·乾卦·象传》，其原文为“天行健，君子以自强不息”，体现了中国人所理解的生生不息、循环往复的宇宙之道。所谓“天行健，君子以自强不息”，应该解释为：天道刚强劲健，与此相应，君子处世为人，应该效仿天道，力求进步，一息尚存，奋斗不止。与世界上的各大文明系统相比，中华文明的一个显著特点就是长久地保持着乐观、奋进的处世精神。历史上，在任何困苦的局面下，中国人都未曾陷入虚无主义的深渊，以至于祈求无法预测的彼岸世界。比如面对自然险阻时的大禹治水、愚公移山，面对个人困境时的凿壁偷光、悬梁刺股，从李白的“长风破浪会有时，直挂云帆济沧海”，到毛泽东的“自信人生二百年，会当水击三千里”，都渗透着这种奋斗于此生、成就于此世的精神力量。

2018年4月，习近平总书记在博鳌亚洲论坛年会开幕式上发表主旨演讲指出：“在新时代，中国人民将继续自强不息、自我革新，坚定不移全面深化改革，逢山开路，遇水架桥，敢于向顽瘴痼疾开刀，勇于突破利益固化藩篱，将改革进行到底。”中国共产党人带领中国人民建设社会主义现代化国家的道路不会一片平坦，然而中国共产党人有信心、有决心，发扬“自强不息”的精神，克服一切艰难险阻，走向胜利。

大道之行　天下为公

主持人：王学斌（中央党校文史教研部教授）
嘉　宾：赵燕姣（山东社会科学院历史研究所副研究员）
代　生（山东师范大学历史文化学院副教授）

天下为公寄托中国人的政治理想

王学斌：《礼记·礼运》中说："大道之行也，天下为公。"这句寄托着中华民族至高愿景的古语，从历史深处缓缓走来，绵绵流播，进入当代，并走进了中国共产党人的蓝图中。我们特邀两位先秦史专家就该理念的来龙去脉做一次细细梳理，从而便于我们更好地把握其古今之义，领悟其深刻意蕴。

赵燕姣：中国思想史的一条进路，是从汉字的字形、字义入手，来追溯一个重要概念、思想的源流发展。

“公”字在甲骨文、金文中就有。它最初或为象形字，乃深腹圆底瓮之形。在甲骨文中，公多指“先公”，即对祖先的尊称，如甲骨卜辞中有“勺岁于多公”的记载。殷周鼎革后，“公”多了一种爵称，成为高贵身份的一种体现，在西周文献及金文中，屡见周公、召公、毛公、益公、穆公之称。此时的“公”也可作尊称，如西周早期青铜器小臣宅簋的铭文说“扬公伯休”，“公伯”乃对伯懋父的尊称，“扬公伯休”的意思就是宣扬伯懋父的美德。

进入春秋后，“公”又成为诸侯的通称，《尔雅·释诂》“公，君也”，如齐桓公、晋文公、宋襄公等。最晚到战国时期，“公”已有公共、公同之义，《韩非子·五蠹》：“仓颉之作书也，自环者谓之私，背私者谓之公。”至此“公”也从最初的象形字，延伸出先祖、爵称、尊称、公共、公同诸义，而对后世影响最大的就是“天下为公”的理念。

王学斌：《礼记·礼运》讲孔子在鲁国参加了腊月的祭祀，觉得鲁国尚能持礼，但已失去大道之实质，人心已不公，故而喟然长叹：“大道之行也，天下为公。选贤与能，讲信修睦。故人不独亲其亲，不独子其子，使老有所终，壮有所用，幼有所长，矜、寡、孤、独、废疾者，皆有所养。男有分，女有归。货恶其弃于地也，不必藏于己；力恶其不出于身也，不必为己。是故谋闭而不兴，盗窃乱贼而不作，故外户而不闭，是谓大同。”对于一种思想的理解，要回到原典，原典出现的论述，往往也是有一个很悠远的思想脉络的。

代生：孔子认为，“天下为公”是大道之行的基础，也是实现社会合理分工、社会和谐的基础。孔子“祖述尧舜”，他所认同的“天下为公”发生在尧舜时代，而禹之后，其子启得位，进入了“家天下”的时代，就不能算作“天下为公”了。尧舜任用贤能、禅让君位、爱护百姓的主要事例见于

《尚书·尧典》。孔子之后的战国思想家们也多认同尧舜时期是一个有道德、有礼让、有次序的理想时代。

“天下为公”思想的提出，有深刻的历史渊源。从目前的资料来看，西周就有这种思想了，如2002年入藏北京保利艺术博物馆的豳公盨记载了大禹治水及其后的“社会形态”，短短98字的铭文竟然6次出现“德”字，铭文所载“民好明德，顾在天下”的社会情况与“大同”世界有相近之处，包括重民、孝友思想等。这与孔子仰慕周公、推崇周文化的特点密切相合。

天下为公深刻影响中国古代政治

王学斌：《礼记·礼运》中的“天下为公”是借孔子之口说出的，代表儒家的观念，但“天下为公”这一理念并非儒家独有。

赵燕姣：是的，先秦时代的荀子等均表述过类似的观念，如《尚书》中有“以公灭私，民其允怀”，《老子》中有“圣人无常心，以百姓心为心……圣人在天下，歙歙焉，为天下浑其心”，《庄子》有“天无私覆，地无私载”，《墨子》有“仁人之所以为事者，必兴天下之利，除去天下之害”，《荀子》有“天之生民，非为君也；天之立君，以为民也”，《慎子》有“古者立天子而贵之者，非以利一人也。曰：天下无一贵，则理无由通，通理以为天下也。故立天子以为天下，非立天下以为天子也。立国君以为国，非立国以为君也。立官长以为官，非立官以为长也”。甚至杂家《吕氏春秋》亦曰“昔先圣王之治天下也，必先公。公则天下平矣……天下非一人之天下也，天下之天下也。阴阳之和，不长一类；甘露时雨，不私一物；万民之主，不阿一人”。据此可知，“天下为公”是先秦时代普遍存在的一种社会理念，反映了中国古代思想中带有普遍倾向的一种文化与政治共识，而这种共识形成的背后却与一个大的时代潮流息息相关。

公元前770年，周平王东迁洛邑。这不仅标志着王朝统治中心的变迁，同时也开启了一个新的历史阶段。王纲解纽，列国纷争，礼乐制度不再被严格遵守，各种僭越之举更是屡见不鲜，“礼乐征伐自天子出”开始变为“礼乐征伐自诸侯出”。诸侯割据争霸的态势，到战国时愈演愈烈，时人曾慨叹邦国数量锐减之剧，“此周之所封四百余，服国八百余，今无存者矣，虽存，皆尝亡矣”。另一方面各诸侯国国君又骄奢淫逸、耽于享乐、任人唯亲。于是，在这样一种大的时代背景及文化语境之下，诸子百家有了一个共同的也是最朴实的诉求：尽快消弭无休止的征战，形成一个和平安宁的天下，于是“天下为公”思想便应运而生。

王学斌：先秦时代诸子百家尤其是儒家的思想，成为后世立国的宏规，对后世的治国理政都有很深的影响。

代生：我们可以从两个方面来看“天下为公”这一理念对古代中国政治的影响。“天下为公”的意蕴主要稳定在对统治者的要求方面，并随着统治区域的变化影响到天下观的变迁。

首先，秉承天立君为民的思想，要求执政者（包括君臣）承担政治责任而提炼出“以民为本”“以德治国”“任人唯贤”的原则，熔铸于儒家反复论说的若干范畴中而成为古代中国的治理思想。西汉名臣谷永劝谏汉成帝：“天生烝民，不能相治，为立王者以统理之……去无道，开有德，不私一姓，明天下乃天下之天下，非一人之天下也。王者躬行道德，承顺天地，博爱仁恕，恩及行苇……”谷永的这一番话是对古代“天下为公”思想的高度提炼。“天下为公”成为劝诫君主的重要理据。

其次，随着王朝疆域的扩大、民族共同体意识的发展，天下观念随之变化，新的“天下”也纳入“天下为公”的统治范畴，需要统治者树立新的天下观和民族观。自秦汉始，汉民族政权与少数民族政权的关系是中华民族发展中的重要问题，也是历代统治者面临的重大课题，如唐太宗对待少数民族“绥之以德”“抚九族以仁”，主张“天下一家”“自古皆贵中华、贱夷狄，朕独爱之如一”，唐太宗这种博大的胸怀恰是“天下为公”的具体表现，也是出现贞观盛世的重要原因。

天下为公在新时代得到了升华

王学斌：“天下为公”的思想，不仅在古代很有影响力，到了近代，它也成为中国人思考国家、民族前途的重要思想资源。这其中的脉络，标记了我们中国人近代的艰辛探索。

代生：戊戌变法失败后，康有为创作《大同书》，将西方的进化论思想和公羊学的“三世说”结合起来，提出建立一个没有阶级、一切平等、天下为公的大同世界。这一设想对于认识封建帝制的腐朽和推动中国传统文化的转型具有重要的启示价值。

王学斌：革命先行者孙中山先生独具慧眼地指出，“我们要解决中国的社会问题”“这个目标，就是要全国人民都可以得安乐，都不致受财产分配不均的痛苦。要不受这种痛苦的意思，就是要共产”“人民对于国家不只是共产，一切事权都是要共的。这才是真正的民生主义，就是孔子所希望之大同世界”。民有、民治、民享在儒家学说的“天下为公”中觅到了传统依据。

毛泽东同志读《三国志·张鲁传》时留下一段按语：“农民革命斗争，其性质当然与现在马克思主义革命运动根本不相同。但有相同的一点，就是极端贫苦农民广大阶层梦想平等、自由，摆脱贫困，丰衣足食。”这对于我们理解中国古代的农民起义提供了新的角度：中国的社会主义恐怕不完全源于外来。马克思主义能在中国落地生根、开花结果，与中华优秀传统文化中本就有的“梦想平等自由、摆脱贫困、丰衣足食”的基因分不开。马克思主义中国化、时代化是马克思主义基本原理与中华优秀传统文化彼此结合的过程，作为核心文化基因之一的“天下为公”毫无疑问是其中宝贵的中介性理念。

可以说，近代以降，国家蒙辱、人民蒙难、文明蒙尘，中华民族遭受了前所未有的劫难。面临三千年未有之变局，“天下为公”的古典内涵被唤醒激活，并在与马克思主义的世纪交融中孕育出新的时代价值。

赵燕姣：党的十八大以来，以习近平同志为核心的党中央极其重视马克思主义基本原理同中华优秀传统文化相结合，反复强调“一个民族最深沉的精神追求，一定要在其薪火相传的民族精神中来进行基因测序”。“天下为公”这一思想得到了升华。

2017年12月1日，习近平总书记在中国共产党与世界政党高层对话会上的主旨讲话中就曾指出：“回顾历史，支撑我们这个古老民族走到今天的，支撑5000多年中华文明延绵至今的，是植根于中华民族血脉深处的文化基因。中华民族历来讲求‘天下一家’，主张民胞物与、协和万邦、天下大同，憧憬‘大道之行，天下为公’的美好世界。”党的二十大再一次把“天下为公”写入报告，这不仅是“把马克思主义思想精髓同中华优秀传统文化精华贯通起来”的又一生动例证，而且彰显出以习近平同志为核心的党中央的历史自信、文化自信和大国担当。

王学斌：习近平总书记多次在国内外重要场合的讲话中提到“天下为公”。他强调“中央政治局的同志必须有天下为公的宽阔胸襟，摒弃任何私心杂念”；强调广大知识分子要有天下为公的情怀，“要坚守正道、追求真理，立足我国国情，放眼观察世界，不妄自菲薄，不人云亦云；要实事求是、客观公允，重实情、看本质、建真言，多为推进党和人民事业发展献计出力”。国际关系方面，他指出：“‘大道之行也，天下为公。’和平、发展、公平、正义、民主、自由，是全人类的共同价值，也是联合国的崇高目标”，“我们要继承和弘扬联合国宪章的宗旨和原则，构建以合作共赢为核心的新型国际关系，打造人类命运共同体。”

代生：百年来，中国共产党一直探寻马克思主义和中国传统文化的融通之处，实现人民解放，坚持“为人民服务”，秉持“立党为公、执政为民”的理念，把“天下为公”的理念和党的奋斗目标紧密结合并付诸实践，逐步实现中华民族的伟大复兴。

“天下为公”“民为邦本”这些优秀传统文化的基因与科学社会主义价值观紧密结合，形成了中国特色社会主义不断前行发展的文化资源。在努力实现中华民族伟大复兴的同时，中国共产党胸怀天下，始终关注人类前途命运，为弘扬和平、发展、公平、正义、民主、自由的全人类共同价值而努力，致力于构建人类命运共同体，以实现“天下为公”的大同社会。

习近平总书记以“我将无我、不负人民”的抱负诠释着中国共产党为人民服务的初心使命，把推动构建人类命运共同体作为新时代中国共产党的使命担当，是对“天下为公”内涵的高度升华与创新发展。“天下为公”承载着十四亿多中国人民的梦想和期望。

民为邦本　本固邦宁

主持人：王学斌（中央党校文史教研部教授）

嘉　宾：赵璐璐（中央党校文史教研部副教授）

杨家刚（中央党校文史教研部教师）

源出《尚书》，代代传承

王学斌：《尚书·五子之歌》有云："皇祖有训，民可近，不可下，民惟邦本，本固邦宁。"将民众视作治国理政的根本，这是中国古代圣贤远在数千年前即已萌生的远见卓识及深沉真挚的政治意识。

毋庸置疑，民众是构成国家最基本的要素，倘无民，何以为国？恰如汉初名臣贾谊反思秦亡之鉴后而提出的命题："闻之于政也，民无不为本也。国以为本，君以为本，吏以为本……此之谓民无不为本也。"南宋大儒朱熹更是在给《孟子》"民为贵，社稷次之"作注时加以阐发："国以民为本，社稷亦为民而立。"如此，民众在国家中的重要地位在悠长古史中不断被强调与抬升。

中华民族的"民本"思想早已与中国共产党的"人民至上"的理念融为一体，与马克思主义基本原理有机结合。因此本期特邀两位研究中国古代史的专家就"民为邦本"观念产生及发展演变的历程做一次梳理。

杨家刚：如主持人所说，"民为邦本"源自《尚书·五子之歌》。《尚书》为儒家五经之一，被誉为"政事之纪""治道之源"。

根据《书序》的介绍，《尚书·五子之歌》是夏王太康因为逸豫失德而失国之后，其昆弟五人在洛水下游洛汭作歌以讽喻。传世古文《尚书·五子之歌》第一首原文作："皇祖有训，民可近，不可下，民惟邦本，本固邦宁。予视天下愚夫愚妇，一能胜予，一人三失，怨岂在明？不见是图。

予临兆民，懔乎若朽索之驭六马，为人上者，奈何不敬？”意思是夏后氏之祖大禹有训，民众只可亲近，不可贬低，民众为国之根本，根本巩固，国家才能安定。其中“民惟邦本，本固邦宁”一句，一般习惯引作“民为邦本”，意在强调民众为国家根本，是古代“民本”思想的集中表述。

《尚书·皋陶谟》中皋陶曰：“天聪明，自我民聪明；天明畏，自我民明威。达于上下，敬哉有土。”其后《孟子》引武王伐纣誓词《泰誓》逸文也说：“天视自我民视，天听自我民听。”意为上天的意志来自民众，民意为天命之所系，只有通达天意与民意，敬慎于此才能够领有国土。因而，古代又有“民为神主”之说，即民意为神明所主，这在古代天命观念下成为两千年来中国政治尊重民意的重要法则。战国时代，齐宣王向孟子请教齐桓公、晋文公称霸之事，孟子改以王道与仁政作答，曰“保民而王，莫之能御也”。唐代名相魏徵曾用君舟民水之喻劝谏唐太宗，其实最早出自《荀子》所引述孔子对鲁哀公所说的“君者舟也，庶人者水也，水则载舟，水则覆舟”，载舟覆舟之喻深刻揭示了古代治乱兴亡之道，与“民为邦本”异曲同工，都强调了民在国家存亡中的重要性。

王学斌：我们刚刚谈到了魏徵对唐太宗的劝谏。唐朝有一本《贞观政要》，是研究中国古代政治思想的重要文献，从中可以看到唐朝初年，尤其是贞观年间，“民本”思想等是当时为政者热衷探讨的一个理论问题。

赵璐璐：贞观六年（633年），唐太宗和大臣有一次著名的对话。《贞观政要·论政体》记载了对话的内容。“君，舟也；人，水也。水能载舟，亦能覆舟”即出自这次对话。

唐太宗说：“朕每思出一言、行一事，必上畏皇天、下惧群臣……但知常谦常惧，犹恐不称天心及百姓意也。”就是上不负天，下不负民。天是抽象的，民是具体的，可以说把爱民放在很突出的地位。魏徵和王珪也反复强调要“以百姓之心为心”。

与此同时，他们还将对“民本”思想的理论探讨付诸制度实践，把国运昌明的治国目标建立在重视民生的基础上。因此，中国古代历史上著名的

“贞观之治”的出现和唐朝国力的兴盛，与贞观年间对于民本问题的理论探讨与制度实践可以说是密不可分的。

不过，应当注意，古人讨论的“民本”问题等，都应在其语境中理解，他们既不可能脱离、超越这一语境，也不可能克服其时代的局限性。

国以民为本，人以食为命

王学斌：人民之所以成为国家的最基本构成元素和最重要的承载实体，就在于人民是社会物质生产的承担者，社会由之得以运转，经济由之得以发展，文明由之得以延续，国家遂得以存在。没有人民周而复始、勤劳不辍地生产营造，国家这一概念简直无法想象。故近代思想家梁启超先生说：“国者积民而成，舍民之外，则无有国。”

人民之生产，自然贡献了无穷的财富，毫无疑问他们是国家赋税的提供者，为国家开展各项活动提供了坚实的财政保证。马克思指出：“国家存在的经济体现就是捐税。”此外，人民还是国家军队的来源、重大工程的建造者。无人民，国家如同折根之木、断流之水，焉能长存？

从这个角度看，人民之日用衣食是一个关键的问题，也是我们讨论“民为邦本”不能回避的话题。

杨家刚：是的，《尚书·五子之歌》之外，《古三坟·气坟·人皇神农氏政典》也有“民惟邦本”的表述，原文作：“正天时，因地利，惟厚于民。民惟邦本，食惟民天。”着重指出了民心民情之所系，首先在于民众的温饱问题，即常语所道“民以食为天”。

《尚书·皋陶谟》中大禹曰：“安民则惠，黎民怀之。”《尚书·武成》则说：“重民五教，惟食、丧、祭。”食居第一。战国时期梁惠王向孟子请教为什么“邻国之民不加少，寡人之民不加多”以及如何才能使远方的民众前来归附的问题，孟子以“不违农时，谷不可胜食也；数罟不入洿池，鱼鳖不可胜食也；斧斤以时入山林，材木不可胜用也……七十者衣帛食肉，黎民不饥不寒，然而不王者，未之有也”和“庖有肥肉，厩有肥马，民有饥色，野有饿莩，此率兽而食人也”作答，强调通过一系列仁政措施来与民休息、维护生态、发展生产，从而保证满足民众的基本生产和生活需求。

如果说“民惟邦本，本固邦宁”还是命题式陈述的话，“民惟邦本，食惟民天”则更有了方法论的意义。

赵璐璐：贞观君臣也有类似的表述。《贞观政要·务农第三十》云：“凡事皆须务本。国以人为本，人以衣食为本，凡营衣食，以不失时为本”，“国以民为本，人以食为命。若禾黍不登，则兆庶非国家所有。”唐太宗说：“为君之道，必须先存百姓，若损百姓以奉其身，犹割股以啖腹，腹饱而身毙。若安天下，必须先正其身，未有身正而影曲，上治而下乱者。”王珪更进一步提出：“人力既竭，祸难遂兴。”贞观君臣的这些话，简单明确地说明了一个道理：民众的生产支持了国家的运行，但对民众的征发要有一定的限度，超过这个限度，民众就无法忍受了。这样一个简单的道理，是古代许多统治者所不懂的，特别是王朝末年的统治者所不懂的。不少新王朝的统治者能够明白这一点并做到这一点，但像贞观君臣这样善于总结历史教训，把“国以民为本，人以食为命”作为一个理论问题提出来是不多见的。

江山就是人民，人民就是江山

王学斌：“民为邦本”的政治思想，与中国共产党“人民至上”原则不仅相融通，而且后者更是对前者的超越与升华。中国共产党自创立起，就是中国工人阶级的先锋队，同时是中国人民和中华民族的先锋队，是中国特色社会主义事业的领导核心，代表中国先进生产力的发展要求，代表中国先进文化的前进方向，代表中国最广大人民的根本利益。这是党所一贯秉持的指导思想之引领，也与自身文明的深层内核一脉相承、高度契合。

习近平总书记强调，“人民对美好生活的向往，就是我们的奋斗目标”。人民是历史的创造者，是真正的英雄。中国共产党是中国人民根本利益的忠实代表，始终维护着广大人民群众的利益。在处理党群关系时，他强调:“对于我们共产党人来说，老百姓是我们的衣食父母。要像爱自己的父母那样爱老百姓，为老百姓谋利益，带老百姓奔好日子。”在系统阐释“中国梦”时，他说“中国梦是民族的梦，也是每个中国人的梦”，“中国梦归根到底是人民的梦，必须紧紧依靠人民来实现”，而最终是“不断为人民造福”。

杨家刚：这里可以展示一个由古至今的思想流变，由此就能明白“民为邦本”的思想如何在当代得到升华。前面提到了“民惟邦本，本固邦宁”和“民惟邦本，食惟民天”，这里再谈谈“民心惟本，厥作惟叶”。

除了《尚书》之外，新见出土文献清华大学藏战国竹简中有属于“书”类文献的《厚父》一篇，以夏遗民厚父向当时的王（很可能是周王）陈述夏亡之鉴和治国之道为主要内容。篇中厚父谈到“民心惟本，厥作惟叶”，此前学者曾指出，这是“在古代文献中最早明确提出以民为本的理念”。不过，与传统“民本”思想论述角度不同，“民心惟本，厥作惟叶”是从哲学层面而论，意思是民众的心为根本，他们的所作所为是枝叶，即民之心会影响到民之为，那么如何赢得民心在这里就显得尤为重要。厚父以此来讲治国之道，突出民心的重要意义，提出应“保教明德，慎肆祀”“毋湛于酒”，也就与《尚书》中周公所不断强调的“敬德保民”和《尚书·蔡仲之命》中的“皇天无亲，惟德是辅；民心无常，惟惠之怀”具有了理论上的一致性。

宋明理学的创发人之一程颐在《代吕晦叔应诏疏》中说：“为政之道，以顺民心为本，以厚民生为本，以安而不扰为本。”而其兄程颢每到任一处，皆悬“视民如伤”匾额于大堂以自警。程颐所云“为政之道”三条，其中“顺民心为本”正是对《尚书》“民惟邦本”“敬德保民”之论的阐述，而“以厚民生为本，以安而不扰为本”则对应《古三坟》中的“食惟民天”。这三个方面将古代“民为邦本”观念的不同侧面有机结合起来，成为“为政之道”的优良传统。

2021年2月20日，习近平总书记在党史学习教育动员大会上的讲话指出，“江山就是人民，人民就是江山”“人心向背关系党的生死存亡。赢得人民信任，得到人民支持，党就能够克服任何困难，就能够无往而不胜”，将赢得人心和人民信任、支持作为党的建设的重要内容，深刻揭示了党与人民生死相依、休戚与共的深层逻辑。

正所谓“政之所兴在顺民心，政之所废在逆民心”，在向着全面建成社会主义现代化强国、实现第二个百年奋斗目标进军的新征程中，我们必须继续坚持人民至上的价值追求，坚持把人民拥护不拥护、赞成不赞成、高兴不高兴、答应不答应作为衡量工作得失的根本标准，把是否促进经济社会发展、是否给人民群众带来实实在在的获得感作为改革成效的评价标准，只有如此，我们党才能始终赢得人民拥护，永远立于不败之地。

赵璐璐：在中国共产党由小到大、由弱变强，不断走向一个又一个胜利的征途中，全心全意为人民服务，一直是中国共产党的根本宗旨。党的十八大以来，以习近平同志为核心的党中央提出以人民为中心的发展思想，坚持发展为了人民、发展依靠人民、发展成果由人民共享，指出“江山就是人民，人民就是江山”，这是马克思主义中国化时代化新的成果，其中“国”与“民”、“党”与

"民"的辩证统一思维与传统"民本"思想一脉相承。

当然，传统的"民为邦本"的思想毕竟与今天"以人民为中心"的发展理念具有差异，"民本"思想中的"民"亦与我们所讲的"人民"内涵不同。但是，从文明延续和文化传承的角度来理解，中国共产党人坚持全心全意为人民服务、"以人民为中心"，是对传统"民本"思想的超越性继承。"民惟邦本，本固邦宁"这一中国传统"民本"思想对国家和民众关系的理解以及在古代国家治理当中的实践作用对当下及未来仍有现实意义和借鉴价值。

为政以德　政者正也

主持人：王学斌（中央党校文史教研部教授）

嘉　宾：李敬学（山东济宁政德教育干部学院党委副书记、院长）

孔新峰（山东大学国家治理研究院副院长、当代社会主义研究所副所长）

语出孔子　源流悠长

王学斌：为政以德毫无疑问是儒家政治思想的核心，展现了以儒家为代表的中国古代文明在政治领域的高远追求。今天，我们特邀两位来自孔子家乡的学者，围绕为政以德详作解析，见其真意。

孔新峰：为政以德是中国传统政治思想的精

粹，是儒家德性政治理论的核心表达。为政以德出自《论语》，其第二篇《为政》开宗明义讲："为政以德，譬如北辰，居其所而众星共之。"

古往今来，学界对这句话主要有两种解释脉络。

第一种解释脉络强调"德"蕴含着一种政治规律。汉代经学家包咸、郑玄均将"德"字解作"无为"，南朝皇侃在《论语义疏》中指出"譬人君若无为而御民以德"。这里的"无为"，指的是以"德"为引领便能自然建立秩序，如同北极星岿然屹立于中央，众星井然有序绕其而动。朱熹说："为政以德，则无为而天下归之，其象如此。"这与道家法自然、反人为的"无为"观念颇为接近。但儒家"无为"思想蕴含鲜明的内在逻辑：由于"德"是为政的根本，恪守根本则能教化民众，为政者正己敬德便可自然抵达"无为"之境。此种"无为"不代表为政者不作为，而是指应当提升自身德性以教化民众。

第二种解释脉络强调要通过为政者的道德以上率下。钱穆在《论语新解》中认为："德，得也。行道而有得于心，其所得，若其所固有，故谓之发德性。为政者当以己之德性为本。”有德之人当政，才能“因民之所利而利之”，而有德者自身也“必得其位，必得其禄，必得其名，必得其寿”。“德”作为“内外如一的规范性的行为”，要求为政者首重“修己”方能“安人”。

以上两种解释脉络，皆为“政治统一”之说，也都揭示了孔子对于德性政治理想的追求。

李敬学：为政以德虽由孔子提出，但在此之前，中华民族在政治治理中重视“德”的作用由来已久。早在西周时期，见证了殷周兴替重大历史变迁的周公，在总结历史经验的基础上明确提出“敬德保民”和“明德慎罚”，并将其作为周人治理国家的思想纲领。如《尚书》中提到“王其疾敬德”“用康保民”“克明德慎罚”等，都是这一思想的反映。到了春秋时期，产生了“正德、利用、厚生”的所谓“三事”，即“正身之德”“利民之用”“厚民之生”，是春秋时期重视道德和民众的体现。《左传》还提出，“德，国家之基也”，把培育高尚的美德视作“立国”的根基。这些重“德”的思想长久地影响着中国人的观念，也铸就了中国古代治国思想的底色。到了春秋末期，孔子系统提出了为政以德思想。

为政以德　天下归之

王学斌：一种思想的产生，往往可以追溯出一条悠长的脉络，就像一条长河潜行千里最终浮出地表，它浮出地表的那一刻至关重要。

孔新峰：东周之季，礼崩乐坏，到了春秋末期，目睹天下四分五裂的孔子，希冀构建上下有序、各处其位的秩序。但这种秩序并非全然复古，而是汲古开新。

何谓“有德”？“礼乐皆得，谓之有德。”在为政以德的实践路径上，孔子进一步从“仁”“礼”两方面设定了标准：自我修养方面，要做到“志于道，据于德，依于仁，游于艺”；社会教化方面，应践行“道之以德，齐之以礼”。在“仁者爱人”的基础上做到“约之以礼”，是孔子给为政者指明的善治方向。此后，从孟子的“仁心义路”“礼门义路”，到荀子的“以德兼人者王”，均彰显出以“敦风化俗”实现“天下文明”的德性政治传统。为政者先慎乎德、修己以敬、充实光辉、施行仁政，自可产生北辰一般的感召力、凝聚力、向心力。

可见，为政以德集中揭示了儒家治国理政的核心理念：天地之大德曰生，为政者要法天则地，用仁爱民本的“生生之德”，来以德配位、以德致位；“盛德”是“大业”的基础，为政者要怀抱忧患意识，“苟日新日日新又日新”，以此进行自我与社会的“革命”；德性政治的内在本质是“仁义”和“信托”，而非“霸权”和“契约”，外在体现是“礼乐”为主、“政刑”为辅、“天下”为怀，此种政治是把人当人看的政治，是驱除神权政治、武夫政治和财阀政治的政治；最后，德性政治并不排斥制度和法治，而是在此前提下高度关注政治担当者的贤能素养。

李敬学：接续主持人所用的比喻，为政以德的思想在孔子之后不断发展，内涵不断丰富，就像一条河流由小变大，不断有支流汇入，从而让主流更加充实。

我想从两个方面讲为政以德思想的发展。

第一，为政以德要求为政者要行有德之政。儒家认为实行德政首先要以民为本，必须要爱民、重民、惠民、利民、恤民、富民、养民、教民。《尚书》提出："民惟邦本，本固邦宁。"《论语》中记载了孔子的民本观，如"泛爱众而亲仁""博施于民而能济众"等。孟子更是提出了系统的仁政学说。汉代董仲舒说："天之生民，非为王也；而天立王，以为民也。"这把"民本"思想向前推进了一步，达到了"为民""安民"的层次。宋代的张载提出了"为政者在乎足民，使无所不足"的主张。明末清初，以李贽、黄宗羲、王夫之、颜元等为代表的思想家大力倡导经世致用，重新阐发了"利用""厚生"等民本命题。

儒家认为实行德政还要求为政者处理好德刑关系。早在西周时期就已经盛行"明德慎罚"的思想，孔子认为："道之以政，齐之以刑，民免而无耻，道之以德，齐之以礼，有耻且格。"意思是说，用政令来引导百姓，用刑法来治理百姓，百姓虽能被动免于犯罪，但无羞耻之心；用道德教导百姓，用礼义来统一他们的言行，百姓就既懂得羞耻又能使人心归服。汉代贾谊有一篇著名政论《治安策》，在总结秦亡教训时就清楚指出，要“定经制”“兴礼乐”，“道之以德教者，德教洽而民气乐”，“刑罚积而民怨背，礼义积而民和亲”，这样才有利于维护社会秩序与国家安定。到了唐代，《唐律疏议》也明确提出，“德礼为政教之本，刑罚为政教之用”。这些都对为政者处理好德与刑的关系提出了要求。

第二，为政以德还要求为政者加强自身修养。孔子认为“君子之德风”，为政者的德行具有风向标的作用，他提出：“政者，正也。子帅以正，孰敢不正？”因此为政者首要的是修身正己。如何做到修身正己，孔子提出了“君子”“圣人”为理想境界的修身论，他说：“德之不修，学之不讲，闻义不能徙，不善不能改，是吾忧也。”孔子充分认识到修德对于治国的重要作用，《论语·宪问》中提出“修己以敬”“修己以安人”“修己以安百姓”，“修己”是“安人”“安百姓”的基础，这一观点也被后世儒家发扬光大。

《大学》提出了“身修而后家齐，家齐而后国治，国治而后天下平”，倡导由“内圣”而达“外王”，建立了一整套“修、齐、治、平”的阶梯式理论。以后历朝历代均重视官员的修身立德问题，形成了“忠孝仁义”“礼义廉耻”等一系列以具体德目为要求的为官标准，产生了丰富的“官箴”和“家训”文化。如官箴方面，东汉马融在《忠经》中认为：“天下至德，莫大乎忠。”宋朝的吕本中在《官箴》中说：“当官之法，唯有三事：曰清，曰慎，曰勤。”南北朝时期的《颜氏家训》、元代张养浩的《庙堂忠告》、明代的《从政录》、清代的《谨身要法》《佐治药言》等，这些书大都提倡为官从政者要注重忠、诚、清、慎、廉、勤的个人修养，注重任贤、爱民、纳谏的从政品质。在为官从政者修身的基础上，中国传统文化还倡导从政者要以上率下，发挥为政者的榜样示范和引领作用，积极实行道德教化，引导百姓崇德向善，从而达到政治清明、天下归之。

当代转化　更添光彩

王学斌：我来总结一下两位嘉宾对为政以德内涵的诠释，大致有三：其一，为政者当勤于修己，以身作则，此为基础，亦为前提；其二，为政者应以民为本，且施以信民、安民、富民之仁政，此乃治国理政之出发点；其三，处理具体事务时，为政者须采取"以刑辅德"的宽猛相济之治民方略，于是"宽以济猛，猛以济宽，政是以和"。

恩格斯在《反杜林论》中曾指出："一切以往的道德论归根到底都是当时的社会经济状况的产物。"也就是说，道德是由于国家治理所需应运而生的产物，自然可以随着时代的转变实现创造性转化、创新性发展。为政以德即在新的时代条件下被注入理论的光辉，实现了创造性转化。

孔新峰：应该看到，在中国历史的长河中，儒家德性政治传统跌宕起伏，不绝如缕。德性政治的礼乐仁义精神作为一种超越现实政治的精神实质和强韧文化基因而得以不断再生产，注入每个时代有识之士内心深处，构成了中华文明血脉传续的根本。

近代以来，“国家蒙辱、人民蒙难、文明蒙尘”，志在救亡复兴的中国人放眼世界，在风雨激荡中最终选择了马克思主义。以德性政治传统为内核的儒家政治理论迎来兴复之机，并为马克思主义中国化时代化提供了关键性的精神资源，而马克思主义基本原理也在中华德性政治传统滋养下愈加彰显其强大生命力。中国共产党在马克思主义科学理论指导下“志道据德”“以德行道”，成功地将中国社会“组织起来”，以强大的领导力带领中国人民站起来、富起来和强起来。

我认为，在当代中国，为政以德的重要体现有以下几点：

一是“伟大的自我革命”。中国共产党是中国工人阶级的先锋队，同时是中国人民和中华民族的先锋队，是中国特色社会主义事业的领导核心，中国共产党时刻牢记“全面从严治党永远在路上，党的自我革命永远在路上”。所谓打铁必须自身硬，党的“政治领导力、思想引领力、群众组织力、社会号召力”，有赖于坚定不移全面从严治党、深入推进新时代党的建设新的伟大工程。

二是“伟大的社会革命”。为政以德是星体之喻、引力之喻，满天繁星是“多”，烁烁北辰则是“一”，中国智慧在充分尊重多样性的基础上强调和而不流、合众为一，有利于科学阐发“一多关系”和有效构建“共同体理论”。中国共产党坚持全心全意为人民服务根本宗旨，树牢群众观点，贯彻群众路线，尊重人民首创精神，坚持一切为了人民、一切依靠人民，从群众中来到群众中去，始终保持同人民群众的血肉联系，始终接受人民批评和监督，始终同人民同呼吸、共命运、心连心，不断巩固全国各族人民大团结，加强海内外中华儿女大团结，形成同心共圆中国梦的强大合力。

李敬学：我们党历来高度重视干部队伍建设，注重从中华优秀传统文化中汲取治国理政智慧，将政德建设贯穿党的历史发展各个时期。党的十八大以来，习近平总书记多次强调领导干部要讲政德，创新发展了传统为政以德思想。2014年5月，习近平总书记在和北京大学师生座谈时指出：“道德之于个人、之于社会，都具有基础性意义，做人做事第一位的是崇德修身。这就是我们的用人标准为什么是德才兼备、以德为先，因为德是首要、是方向，一个人只有明大德、守公德、严私德，其才方能用得其所。”2016年6月，习近平总书记在十八届中央政治局第三十三次集体学习时指出：“要加强道德教育，引导党员特别是领导干部明大德、严公德、守私德，重品行、正操守、养心性。”2018年3月，习近平总书记再次强调：“领导干部要讲政德。政德是整个社会道德建设的风向标。立政德，就要明大德、守公德、严私德。”这一系列讲话系统阐释了新时代政德建设的内涵要义，既传承了中华优秀传统文化的血脉，又突破了历史上为政以德思想的局限性，赋予了更高标准和价值，形成了新时代的政德观，为开展干部政德建设提供了理论指导、根本遵循和科学方法。

革故鼎新　生生不息

主持人： 王学斌（中央党校文史教研部教授）

嘉　宾： 宋立林（曲阜师范大学礼乐文化研究与推广中心主任，喀什大学国学院院长、教授）

李　凯（北京师范大学历史学院副教授）

汉字中蕴藏的革新密码

王学斌： 中华文明源远流长，历经五千多年风霜雨雪，依旧傲然屹立，成为世界上唯一未曾中断的原生型文明，其内在的精神密码值得深入探究。"革故鼎新"自是其中不可或缺之文化基因。正是在持续不断的"守常求变"中，中华文明得以新陈代谢、螺旋上升。

《周易》中有革、鼎两卦。革，去故也；鼎，取新也。这是《周易·杂卦传》中对革、鼎卦义的总体概括，也是革故鼎新一词的最早来源。在中华文明的整体演进过程中，革除旧者、鼎立新者是实现创生不已的主要手段，是推进社会进步的重要途径，激励着一代代中华儿女持续地开创新篇。今天我们所倡导的“推陈出新”“返本开新”“守正创新”与“革故鼎新”的精神都有紧密的关联，成为今天我们处理继承与创新、稳定与发展关系的重要原则。今天，我们邀请两位古代史专家就“革故鼎新”的丰富涵义做一次探讨。

宋立林：我们首先来追溯一下“革”和“鼎”的本义。“革”字最初的含义正如它在甲骨文中的字形那样，指兽皮。《尚书·禹贡》曰“齿、革、羽、毛”。“革”是大禹时各州贡赋的品种之一。革和皮是有区别的，《说文》曰“革，兽皮治去其毛”，革是去毛后的兽皮。兽皮和变革怎么会产生联系呢？兽在生长的过程中，其毛羽是变化的，《尚书·尧典》说：“日永、星火，以正仲夏。厥民因，鸟兽希革。”这里说的是夏季，鸟兽毛羽稀疏。《尚书正义》注曰：“革，改也。”此处，“革”就有了改变的意思。动物毛羽丰富或稀少的变化是不同季节重要的物候特征。不难理解，鸟兽毛羽的变化只是一种自然现象，是一种“自在”的现象，然而，当有了人的参与（去其毛）使其为人所用时，这个过程就变成了“自为”的举措。

“鼎”字在甲骨文中已经出现，是非常典型的象形文字，《说文解字》说鼎“三足两耳，和五味之宝器也”。“鼎”作为器物之象，除了指烹饪器，还指用以象征权力的法象器。据《史记·封禅书》记载，“禹收九牧之金，铸九鼎”，从此九个青铜制造的大鼎便成为夏、商、周三个朝代的王权象征和传国之宝。

那么，“鼎”的这两层含义之间有什么联系呢？烹饪器何以能变成象征权力的法象器？《尚书·舜典》中有一句话“食哉唯时”，这让我们心生联想，历代先王总是把“敬授民时”作为施政的首务，为的是把握时令、发展生产，解决民食问题。诚谓“民以食为天”，满足了百姓的“食”，也就解决了最基本的生存问题，这是一个政权最基本的义务。如此，“鼎”的上述两层含义的内在关联就显而易见了。

我们不妨进一步追问，“鼎”又为什么能够“取新”，有“新”的内涵呢？《周易·序卦传》说：“革物者莫若鼎，故受之以鼎。”革变事物没有比鼎器化生为熟更为显著的，所以革卦后接着是鼎卦。鼎之所以有“取新”之义，在于发挥了它作为煮器的最基本的功能——化生为熟。关于这一点，从“鼎”卦的卦象可以见得，《周易·鼎卦·彖传》曰：“鼎，象也，以木巽火，亨饪也。”鼎，是烹饪养人的物象，恰似用木柴顺着火燃烧，即见烹饪情状。《周易·鼎卦·象传》曰：“木上有火，鼎；君子以正位凝命。”木上烧着火焰，象征鼎器在烹煮；君子因此效法鼎象端正位次，严守使命。用鼎象寄寓君子的使命，再次明确了开创新制的宗旨所在，一定是为了济养民命，为百姓带来更好的生活，这样的理念与革卦所言“顺天应人，革而当”一以贯之，是中国古典政治学永恒的主题。

孔子的三代损益说蕴含革故鼎新的精神

王学斌：通过对字义的解读，我们对革故鼎新有了更形象生动的了解，也见识到古人的深刻智慧。孔子对《周易》赞美有佳，他读《易》“韦编三绝”。与此同时，我们也常听到孔子“言必称三代”，其实，孔子对三代的解读也包含着革故鼎新的观点。

李凯：古人“言必称三代”，夏商周三代成了人们眼中不可取代的理想时代。《论语·为政》中子张问：“十世可知也？”孔子说，三代之间存在“因”和“损益”的关系：“殷因于夏礼，所损益，可知也；周因于殷礼，所损益，可知也。其或继周者，虽百世，可知也。”它强调夏商周制度文化一脉相承，存在因循的内容；与此同时又针对各个时代的现实进行调整；尤其是周王朝汲取了夏商两代文化的精华，将我国早期文明推向鼎盛，为后世王朝提供了制度文化养分。这一看法被称为三代

"损益"说，表达出孔子对时代变革的深刻认识。

汉武帝时，儒学地位抬升，大儒董仲舒针对汉武帝的策问，提出了夏商周质变的"三道"论。董仲舒认为："夏上忠，殷上敬，周上文者，所继之救，当用此也。"这就是被人们称为"三道"论的政治主张。首先，他看到夏商周作为奠定中华文明基础的三个重要王朝，各有制度文化的特点，分别是"忠""敬""文"。三者循环，周而复始。这种解读是历史性的，董仲舒虽未论证其史实基础，但他明确说明这一理论是受孔子三代"损益"说的启发。其次，这一理论服务于汉家"更化"的政治行为，在董仲舒看来，汉家天下"少损周之文致，用夏之忠者"，即要把秦排斥在历史循环之外，汉继承夏的制度文化特征，这是给现实政治寻求历史依据。另外董仲舒认为暴秦"以乱济乱""遗毒余烈，至今未灭"，这是从历史教训的角度检讨秦代国家治理的弊病，要求"汉继大乱之后""退而更化"，并不是空发议论。

与"三道"相关，董仲舒从历法层面提出了"三统"说。"三统"，又名"三正"，指三代的正朔，三代的正朔不同，故三代的制度文化也不一样。

董仲舒的历史观对司马迁影响很大，司马迁直接采用了董仲舒的“三统”“三道”说。《高祖本纪》赞说：“夏之政忠。忠之敝，小人以野，故殷人承之以敬。敬之敝，小人以鬼，故周人承之以文。文之敝，小人以僿，故救僿莫若以忠。三王之道若循环，终而复始。周秦之间，可谓文敝矣。秦政不改，反酷刑法，岂不缪乎？故汉兴，承敝易变，使人不倦，得天统矣。”

司马迁从历史的角度论证三代“忠”“敬”“文”的制度文化特征，以及相应的历史弊病，揭示“承弊易变”、革故鼎新的必要性。司马迁认为夏的时代主旋律是“忠”，这可能和上古时期的巫术有关。在人类的早期，巫术孕育了科学；它代表了人类改造自然的能力，对社会秩序的维护也有一定意义。但毕竟巫术杂糅着荒谬（可能是司马迁所说的“野”），势必会从历史中退却。商人纠正了夏人的“野”，把大量的精力放在超自然的神灵世界中，“敬”成为商代的主旋律，他们形成尊神重鬼的殷商文化。当时机成熟，人们势必从鬼神世界中走出，尚“文”之风是周人的时代主旋律，周人主张敬德保民，并且缔造出一系列制度与文化，但也难免流于形式，故此用夏人的“忠”来纠正它。

“圣人不期修古，不法常可，论世之事，因为之备”，好的政治家就像良医一样，对待千变万化的病状应采取不同的方剂。《吕氏春秋·察今》中有言，“良剑期乎断，不期乎镆铘；良马期乎千里，不期乎骥骜”，刀剑在乎的是能否斩断事物，马匹在乎的是能否日行千里，外在的名声并非目的所在。这种变革的思想，不仅被法家奉为圭臬，同样是儒道诸家的重要政治理论。

革故鼎新的精神鼓舞中国人奋勇前进

王学斌：在关键的历史节点上，革故鼎新往往成为一个热烈讨论的话语。前面提到了孔子的时代与董仲舒的时代，明末清初的思想家们也屡屡呼唤革故鼎新，到了近代更是如此。

宋立林：鸦片战争以后，国家蒙辱、人民蒙难、文明蒙尘，中国人民和中华民族遭受了前所未有的劫难。英雄的中国人民始终没有屈服，在救亡图存的道路上一次次抗争、一次次求索。在革故鼎新精神的引导下，变法图强成为时代的主旋律。中国先进分子为实现民族独立、人民解放进行了一次次伟大而艰辛的探索。龚自珍、魏源率先提出“改革”“变古”主张，这时还主要停留在于器物层面向西方学习的阶段。康有为主张“全变”的进化论，即变器、变事、变政、变法，但只言“渐进”，不言“骤变”。孙中山则强调“革命”在社会进化中的作用，并发起辛亥革命，武力推翻了清王朝。由于时代及变革者本人综合条件的局限，变革的效果有强有弱，有成有败，然而，当变革的行动交汇联动形成篇章时，则生成磅礴之力，共同推动着中华文明之河奔腾不息，滚滚向前。

百年来，中国共产党团结带领中国人民，以“为有牺牲多壮志，敢教日月换新天”的大无畏气概，书写了中华民族几千年历史上最恢宏的革故鼎新的史诗。

在新民主主义革命时期，推翻帝国主义、封建主义、官僚资本主义三座大山，成立了人民当家做主的中华人民共和国，实现了民族独立、人民解放，为实现中华民族伟大复兴创造了根本社会条件。在社会主义革命和建设时期，确立社会主义基本制度，推进社会主义建设，为实现中华民族伟大复兴奠定了根本政治前提和制度基础。在改革开放和社会主义现代化建设新时期，确立党在社会主义初级阶段的基本路线，坚定不移推进改革开放，开创、坚持、捍卫、发展中国特色社会主义，为实现中华民族伟大复兴提供了充满新的活力的体制保证和快速发展的物质条件。中国特色社会主义进入新时代，坚持和加强党的全面领导，统筹推进“五位一体”总体布局、协调推进“四个全面”战略布局，坚持和完善中国特色社会主义制度、推进国家治理体系和治理能力现代化，坚持依规治党、形成比较完善的党内法规体系，战胜一系列重大风险挑战，为实现中华民族伟大复兴提供了更为完善的制度保证、更为坚实的物质基础、更为主动的精神力量，中华民族迎来了从站起来、富起来到强起来的伟大飞跃，实现中华民族伟大复兴进入了不可逆转的历史进程。

王学斌：站在新的历史方位上，顾往瞻来，中华民族比历史上任何时期都更接近、更有信心和能力实现伟大复兴的目标，同时我们还要时刻回应“世界怎么了，中国怎么办”的百年之问，革故鼎新、化危为机是通向成功的不二利器。

宋立林：“天地之化日新”。革故鼎新既是求生存的必然要求，也是谋发展的内在动力。当今，世界之变、时代之变、历史之变正以前所未有的方式展开，给人类提出了必须严肃对待的挑战。世界的安全、经济、生命健康等诸多方面皆面临困扰。

只有在革故鼎新、守正出新中努力实现自身跨越，才能不断给党和人民事业注入生机活力。

2018年3月20日，习近平总书记在第十三届全国人民代表大会第一次会议上的讲话中指出：“在几千年历史长河中，中国人民始终革故鼎新、自强不息，开发和建设了祖国辽阔秀丽的大好河山，开拓了波涛万顷的辽阔海疆，开垦了物产丰富的广袤粮田，治理了桀骜不驯的千百条大江大河。”

习近平总书记在多个场合强调革故鼎新的重要

价值，要求全党必须始终不忘初心、牢记使命，在新时代把党的自我革命推向深入。勇于推进理论创新、实践创新、制度创新、文化创新以及其他各方面创新，通过革故鼎新不断开辟未来。我国广大科技工作者要以与时俱进的精神、革故鼎新的勇气、坚忍不拔的定力，面向世界科技前沿、面向经济主战场、面向国家重大需求、面向人民生命健康，把握大势、抢占先机，直面问题。广大哲学社会科学工作者需要共同努力，在新的时代条件下推动中华优秀传统文化创造性转化、创新性发展。面对“增强做中国人的骨气和底气，让世界更好认识中国、了解中国，需要深入理解中华文明，从历史和现实、理论和实践相结合的角度深入阐释如何更好坚持中国道路、弘扬中国精神、凝聚中国力量”这一重大课题作出回答。广大青年需要革故鼎新，勇做改革闯将，开风气之先，为改革开放和社会主义现代化建设贡献青春、建立功勋。另一方面，国际经济规则同样需要不断革故鼎新，以适应全球增长格局新变化，让责任和能力相匹配。

天人合一　和谐共生

主持人：王学斌（中央党校文史教研部教授）

嘉　宾：刘东超（中央党校文史教研部教授、中国思想文化教研室主任）

曹润青（中央党校哲学部副教授、中国哲学教研室副主任）

在中华文明史中，“天”与“人”是两个最基本的哲学概念

王学斌：对于宇宙的理解与构想，中华优秀传统文化中自古以来便具有着极其丰富的表达。习近平总书记曾指出：“中华文明历来崇尚天人合一、道法自然，追求人与自然和谐共生。”其中“天人合

一”理念，即集中体现着中华民族对整个宇宙以及人与宇宙万物关系的根本看法。请两位专家分别谈一下“天人合一”理念的源流。

曹润青：在中华文明史中，“天”与“人”是两个最基本的哲学概念，它们代表着人身处世间的两大基本生存维度，因此，如何理解天人关系被视作最重要的哲学问题。

西汉司马迁将他的《史记》看作是一部“究天人之际”的著作，以此来表明《史记》问题意识的深邃与究极。北宋思想家邵雍则更为清楚地总结道，“学不际天人，不足以谓之学”，可见天人关系之于中华文明的极端重要性。

在有关天人关系的诸多讨论中，天人合一超越了天人相分、天人相胜等观念，成为中华文明的主流思想。天人合一观念源出极早，《周易》被认为是这一观念的源头，早在战国时期的人们就指出“《易》，所以会天道、人道也”，也就是说至少从战国起，人们便因为《周易》会通天道人道而推崇它的思想。《周易·系辞》指出“《易》之为书也，广大悉备，有天道焉，有人道焉，有地道焉，兼三才而两之”，《周易·说卦》也指出“昔者圣人之作《易》也，将以顺性命之理，是以立天之道曰阴与阳，立地之道曰柔与刚，立人之道曰仁与义，兼三才而两之”，这两段话都认为广义的天之道（包含天地）与人之道是相贯通的，它们都是阴阳原则在不同领域的实践。

因此，《周易》的“天人合一”观念强调了天人的内在统一，在农业社会靠天吃饭的生存背景下，这一观念被不断强化，从而在根本上奠定了中华文明对世界与人的基本理解，成为中国人世界观、人性论及思维方式的思想内核，并进一步影响到农业、历法、经济、政治、文化、礼俗的方方面面。正因为其观念的典型性与影响的普遍性，天人合一观念被视作代表整个中华文明的标志性理念，也成为中国对世界的重要思想贡献。

刘东超：作为一个词语，“天人合一”最早见自张载的《正蒙·诚明》。他站在儒家心性论的角度，强调“因明致诚，因诚致明”就可以“天人合一”。这一词语在非常开阔广泛的意义上大量使用。在当代汉语学界，强调天人之间的“通”而不是“隔”似乎皆可用“天人合一”这一词语来表达。如果作为一种理念，“天人合一”具有非常古远的历史，实际上它与我国农业文明的产生和发展相伴随。

当然，天和人之间的“合一”并不容易。如果在贯通或互动的意义上来考察双方的关系，必须依靠一定的中介才能使双方“合一”。排除掉一些神秘主义的运用，以中介作为划分的标准，我国传统文献中的天人合一主要在四个维度上使用。

第一个维度是以“王权”作为天人相合的中介。这是相当古老的用法。

第二个维度是以心性作为天人合一的中介。孟子说：“如果一个人穷尽自己的内心，就可以知道自己的本性。知道了自己的本性，就可以理解上天。如果一个人保存好自己的内心，就是保养自己的本性，这就是对上天的服膺。”（《孟子·尽心上》）这里，孟子设定上天的本质或者上天的理则可以存于人的心性之中，了解和保养人的心性可以达到天和人之间的贯通。这一维度成为儒家处理天人合一问题的基本思路。后来王阳明指出：人心的本体就是天理。认知天理的昭明灵觉能力就是人的良知。个体不敢间断的戒慎就是保存天理，时间一长，从中反而可以生出洒脱磊落的精神。（《王阳明全集·答舒国用》）其实质仍然是孟子思路的发展，只不过把“天理”在人精神中的表现阐述得更为细致具体，同时明确讲清了“存天理”的操作程序。

第三个维度是以气作为天人合一的中介。《黄帝内经》说：正月、二月天气生发、地气萌动，这时候人的肝气正旺；三月、四月天气转盛、地气荣茂，这时候人的脾气正旺；五月、六月天气盛极、地气高升，这时候人头部的气正旺。（《素问·诊要经终论》）这是强调天地和人在气作为中介下随着时序发生相应的变化。《黄帝内经》还说：“人以天地之气生。”（《素问·宝命全形论》）这是清晰阐明气为天人之间的关联载体。文天祥《正气歌》讲：“天地有正气，杂然赋流形。……于人曰浩然，沛乎塞苍冥。”也是把气视为天人渗透贯通的载体，这里的气具有强烈的道德色彩。

第四个维度是以审美作为天人合一的中介。庄子有一句“天地与我并生，而万物与我为一”的名言。司空图《二十四诗品》说：“天地与立，神化攸同。”这里都是通过审美的心理活动达到了天人合一，是以形象的、情感的思维来理解人和世界的关系。

“天人合一”体现着辩证的整体思维

王学斌：中华优秀传统文化中的朴素辩证法思想丰富而深邃，体现于修身齐家治国平天下各个层面。

比如，《周易》经传等古典文献提出的太极、阴阳、八卦等学说，揭示了宇宙间事物运动发展变化的自然规律，认为世界是物质性的整体，自然界任何事物都包括相互对立的两个方面，对立双方又是相互统一的。再如，中华优秀传统文化强调系统观念、整体思维，“天人合一”“天人感应”都体现了辩证法的精神。

正如英国学者李约瑟所说，“现代中国人如此热情地接受辩证唯物主义，有很多西方人觉得是不可思议的。他们想不明白，为什么这样一个古老的东方民族竟会如此毫不犹豫、满怀信心地接受一种初看起来完全是欧洲的思想体系。但是，在我想象中，中国的学者们自己却可能会这样说：‘真是妙极了！这不就像我们自己的永恒哲学和现代科学的结合吗？它终于回到我们身边了！’”

毫无疑问，马克思主义基本原理与中华优秀传统文化对辩证方法的认识是相接近的。唯物辩证法是马克思主义研究自然、社会、历史和思维的科学方法，核心内容是三大规律，即对立统一规律、量变质变规律、否定之否定规律；主张坚持发展地而非静止地、全面地而非片面地、普遍联系地而非孤立地观察事物、看待问题；主张人们在认识和实践活动中，要一切从实际出发，按客观规律办事。

曹润青：排除掉早期的某些神秘主义成分，从《周易》发源并经后世不断发展的天人合一理念具有丰富而深刻的思想内涵，直到今天仍然是我们推进中国式现代化、全面建成社会主义现代化强国值得借鉴的宝贵资源。

天人合一理念强调天人之间的统一和谐，反对天人之间的相分相离，更加反对天人之间的对立对抗，这本身就是一种辩证的思维，这为我们当今构建中国特色生态哲学、寻求永续发展提供着重要启示。

从中华文明的立场来看，天人之间的统一和谐主要包含着两个方面。一方面，人本身就是由天所生，是造化流行的产物，因此，人是天的一部分，天与人是整体与局部的关系。从这个关系出发，人爱护保全天不仅是一种高尚的品德，更是维系自身生存的必然要求，正所谓“皮之不存，毛将焉附”。人的命运依附于整个世界，对天的伤害必然反噬到自身，从这个意义上来说，天人合一是一种客观的事实。

另一方面，中国古人始终强调人不仅要知天，更要敬天畏天。天作为整个世界的化身，它的丰富性、复杂性、未知性远远超出有限时空中的人的认知范围，以人类之有限理性去宰制世界之无穷变化，正落入庄子“以有涯随无涯，殆已”的危险。受到近代西方思想的影响，天被视作外在于人的存在，天仅仅成为人知识研究、资源开发的客体对象，从而导致了人对自然无节制地索取与破坏。

天人合一理念不仅强调天人命运的一体性，同时认为人要觉知理性的边界，在态度上做到敬畏天，这样人就能够在整体性的视野中更加客观地定位自身，更加自觉地遵循规律、约束欲望，并由此导出合理的行为与实践，实现人与自然的和谐共生。

刘东超：中华传统文化所具有的辩证方法意识确实与马克思主义有一定的相通之处。

毋庸讳言，马克思主义的辩证法与中华文化的各种辩证法存在差别，但都注重“在对现存事物的肯定的理解中同时包含对现存事物的否定的理解，即对现存事物的必然灭亡的理解；辩证法对每一种既成的形式都是从不断的运动中，因而也是从它的暂时性方面去理解”。比如我们的《易传》强调“一阴一阳之谓道”，老子强调“有无相生，难易相成，长短相形，高下相倾，音声相和，前后相随”。这是对事物的变化及其从对立双方的消长关系中获得前进动力的描述。我们可以很容易理解，不同的辩证思维方式之间，远比绝对化的思维方式之间更容易互相理解和沟通。

天人合一理念愈发彰显出“存乎中，形于外”的特质

王学斌：党的二十大报告将“天人合一”列入代表中华文明智慧结晶的十大核心概念之中，考虑是深远的。把握其内涵和意义，有助于人们深刻理解中国人的宇宙观及其同马克思主义基本原理结合后对当今时代的重要价值。

刘东超：站在今天的视角考察天人合一的现实意义，我们可以借助前面所述四种类型的框架进一步来作分析。

第一，通过权力代天言命无疑早已是一种陈旧落后的模式，在这里不再赘述。

第二，以心性沟通天人是一个较为复杂的命题。在认识论的意义上，强调人类通过自己的思维活动可以认识高远、巨大的外在客观世界，具有可知论的正面涵义。从心性角度来理解天人合一是一条具有启发意义的思路，但也要明确看到它的局限

之处。这一局限的根本在于前近代社会生活结构的制约。

第三，用气的范畴沟通天人也包含较为复杂的方面。气是古人对世界上大量因素的一种概括性表达，是化繁为约的一种范畴，实际上包含物质、信息、能量等多个层次的因素。首先，以气为中介沟通的天人合一具有医学和养生的意义。以《黄帝内经》为代表的中国传统医学认为自然环境与人具有复杂的、紧密的、与时偕行的关系，古人用阴阳、五行等概念来表达这些关系。这一有机化的对天人关系的理解有助于克服西方医学对此的忽视，有助于在现代社会条件下改进生命质量和健康程度。其次，以气为中介沟通的天人合一具有生态文明的意义。如果把天地理解为我们生活于其中的自然环境，通过气的联系环境和人类的活动存在复杂的互动关系。一方面我们的生产生活会对自然环境产生影响，另一方面环境变化也会深刻影响我们的生产生活，因此，这一互动原理今天具有两个方面的现实意义。一是必须深入研究自然环境对人的复杂影响，二是必须在真正意义上保护好生态环境。应该认识到，古人理解的天人合一知识和操作措施既有简单粗糙的一面，在有些方面也有独到的内容。比如天文变化对人类生活的影响在今天同样是非常有价值的研究课题。

第四，以审美来理解天人合一。通过形象化的语言描绘人和自然、宇宙、时空的交融，表达二者之间的感应和贯通，是艺术具有极致性的一项内容。中国艺术在这方面具有悠长的传统和丰厚的资源，今天的艺术创作可以从中得到许多灵感。

曹润青：除了在生态建设方面，天人合一对新时代加强精神文明建设也能发挥重要的作用。

从先秦以来，天人合一的本质就主要被理解为天人在本性上的贯通，这种贯通肯定了人相对于其他物类的神圣性，人能够“为天地立心”，裁成辅相万物，参与天地的变化。天人合一所包含的对人性价值的肯定与褒扬，对当今社会中存在的精神虚无主义、泛娱乐化的生活方式提出了强烈的反思和批判。

具体而言，先秦《郭店楚简·性自命出》提出“性自命出，命自天降”的思想，《中庸》开篇也表达了相似的观念，即“天命之谓性”，它们都认为人性是被“天”所赋予的，而天所赋予的人性主要表现为人向善的道德意识，正如孟子所讲的，“仁义礼智，非由外铄我也，我固有之也”，道德是人性中最根本的内容。此后，南宋的朱熹也讲，仁者“在天则盎然生物之心，在人则温然爱人利物之心，包四德而贯四端者也”，天人都以仁德作为本性，人的爱人利物之心正是天盎然生物之心的具体表现，因此朱熹提出“性即理”的命题，认为人性即是天理。王阳明虽然与朱熹的理学主张不同，但“心即理”的心学主张同样认为人的本心良知是天理的显现。

由此可见，中国哲学始终认为人性代表着天性，人乃天地之心、天地之灵，人在万物中是最可宝贵的，当然人性并非生来完满的，需要后天的功夫学习才能尽心知性知天，最终由明致诚，实现与天地相参的人生境界。

从今天的立场来看，天人合一的理念将人性理解为一种道德本性，实际上是将人性做了先天的预设，具有唯心主义的倾向；但是天人合一理念高度地肯定人的价值，并在此基础上赋予人一种使命，即人应当向上、去追求天所代表的最高的普遍性，这样就为人确立了一种高尚的人生方向，使人尽量去超越个体小我，追求更为开阔的人生境界，在这个意义上，天人合一理念中的合理成分仍然值得当代人去批判性继承和创造性转化。

王学斌：诚如两位所言，进入新时代，在同马克思主义基本原理相结合之后，天人合一理念愈发彰显出“存乎中，形于外”的特质，将为推进社会主义精神文明建设、生态文明建设及构建人类命运共同体提供宝贵的智慧支援。

厚德载物　行稳致远

主持人：王学斌（中央党校文史教研部教授）

嘉　宾：法　帅（山东大学政治学与公共管理学院副教授）

柳　康（中央党校文史教研部教师）

培养宽厚的道德品性，以此厚德来载育万物

王学斌：“厚德载物”作为中华民族优良的精神传统，自始至终提示历代国人当学习无垠大地那般敦厚朴实，默默且坚韧地孕育着万物萌生与生命长成的精神。由之同理，做一个高尚的中国人，须为人与处世上务求严于律己，宽以待人，心胸开阔如莽原，立志高远似苍穹。

法帅：“厚德载物”一语出自《易传·象传上·坤》：“地势坤，君子以厚德载物。”这句话是说，地的形势有柔顺宽厚的性质，君子要以地为法，用敦厚的德行容载万物。详细言之，《坤》卦的卦象为“地”，“地”有其形势即“地势”，“地势”的特点是“至顺极厚”，所以能“无所不载”。（朱熹《周易本义》）君子应当取法地势体厚、能载万物的特点，培养宽厚的道德品性，以此厚德来养育万物，实现人道与地道的合一。

然而，这句话的真正精彩之处，是在与《乾》卦的辩证关系。《易传·象传上·乾》曰：“天行健，君子以自强不息。”意谓天的运动有刚健的性质，君子要以天为法，不断地发挥自己的能动性。《易传》乾坤两卦中的天与地、健与坤、自强不息与厚德载物，透露出古人对世界存在的根源、运行规律的把握以及人们认识它们的思维方法。这构成了古代人们世界观和方法论的基本观念。

《易传》认为自然界的根源是阴阳二气，自然万物都是阴阳二气相互作用产生的，即《易传》所言“一阴一阳之谓道”。《易传·咸·彖传》说：

“咸，感也。柔上而刚下，二气感应以相与。”在自然界中阴阳二气的具体表现就是天地。“天地感而万物化生。”二气的“交感”，就是天地的“交感”，万物都是从天地“交感”化生出来的。“天地絪緼，万物化醇，男女构精，万物化生。”（《易传·系辞下》）就像男女配合生出子女一样，天地配合生出万物。

在化生万物中，《易传》认识到天与地是对立统一的关系。《系辞》曰：“乾知大始，坤作成物。”意谓乾所主管的是创始，坤所主管的是完成。《文言》道：“坤道其顺乎，承天而时行。”坤道柔顺，保持容纳的主体意识，才会载物；乾道刚健，形成积极的主体精神，才会引领。换言之，地道顺承天道以行动，天道引领地道以载物，二者是互相补充和成就的关系。

《易传》还将世界演化与人类历史关联起来，从世界观来谈人生观的形成与发展。“古者庖牺氏之王天下也，仰则观象于天，俯则观法于地，观鸟兽之文与地之宜，近取诸身，远取诸物，于是始作八卦，以通神明之德，以类万物之情。”（《系辞下》）这段话表达的是，中华民族的文明史是自庖牺氏观察天地运行和鸟兽之文开始，其成果就是八卦始作。

可见，中国哲学最显著的思维就是天人合一，从这样的角度来看厚德载物，能够深刻揭示古人的哲学智慧。

柳康：在《周易》中，从卦序上来讲，乾卦在前，坤卦在后。从某种意义上讲，坤卦就是一个“在先的在后者”。这种讲法的学理依据恰恰来自于《周易》中乾坤两卦之间的互动关系。换个角度来说，积极进取的乾卦要以含蓄保守的坤卦为其前提。这并不是矛盾或者变戏法，而是体现了事物之间复杂的关联性。

《周易》中的“坤卦”虽然单独成象，但如果离开与“乾卦”相对照的话，那么，它最本真的意义就会流失不在。具体而言，一旦离开乾卦所奠基的开拓进取的意义，“坤卦”的厚德载物便会悬空，很难落到实处。

进一步而言，厚德载物是对自强不息的补充和限制。补充在于，一味地进取而不知其所止，就有如一架力量十分雄厚但缺乏方向指引的机器。一旦失去方向或者走上错误的路径，速度越快，则偏离越多，危害也越大。在这种意义上，厚德载物起到了限制、引导和包容的作用。

向上抽穗拔节的力量与向下深耕扎根的力量相辅相成

王学斌：“厚德载物”之内核，自是“德”字。“德”字会意，在甲骨文中表示道路，亦表示行动。是故“德”字本义是目视不偏，行动端正。在端正的行为基础上，不以个人得失为主，胸怀宽广，重公轻私，谓之厚德。

用厚德的品行理性地对待客观环境中的人和事物，谓之载物。因而老子说：“善者吾善之，不善者吾亦善之，德善。信者吾信之，不信者吾亦信之，德信。”

自古以来，“厚德载物”一贯是中华优秀传统文化中的珍贵精神财富，是国人对社会和自然特质的认识，是对中国人文精神的弘扬，是一种至道大德。

法帅：人类社会的礼义秩序取法于天地之道。天地的相互作用化生万物，《易传》称之为“天地之大德曰生”。君子取法天地之道，就应该培养这种生生之德，即自强不息与厚德载物这两种德行的统一体。君子自强不息才能引领厚德载物，而厚德载物才能真正实现自强不息。天地的生生之德，是通过乾道引领和坤道完成而实现对立统一的存在。

因此，取法天地之道的厚德载物精神构成中国哲人的思想基础。

孔子所说“己欲立而立人，己欲达而达人”（《论语·雍也》）及“修己以安人”“修己以安百姓”（《论语·宪问》）等，就是对这种德行的阐发和总结。《道德经》讲的“上善若水”，墨子提出的“视人之国若视其国，视人之家若视其家，视人之身若视其身”（《墨子·兼爱中》），以及孟子讲的“老吾老以及人之老，幼吾幼以及人之幼”，所表达出的德行莫不与厚德载物一致。北宋张载将其阐释为“民，吾同胞；物，吾与也”

（《西铭》），程颢、王阳明则进一步熔炼提升为“以天地万物为一体”，他们都是对厚德载物思想的传承和弘扬。

柳康：厚德才能载物，薄德则会失物。唯有厚其德，载物才可能。这就像一个容器一样，既要通过不断地锤炼，不断地使自身坚挺、坚硬，而且也要不断地扩大自己的容量。所能与所容需要相配。在中国的文化中，我们并不完全是悬空论道，而是秉持收敛的德性、把实力包含在礼仪之下。在这种意义上，我们需要参照他者的眼睛寻找自己的恰切定位，戒骄戒躁；在与他者的切磋中支撑起自己。这也解释了德国思想与中国传统文化的亲缘性，更解释了马克思主义之所以能够在中国这块肥沃的土地上生根、发芽、开花、结果的原因。

如前所述，乾坤两卦相辅相成，这就好比向上抽穗拔节的力量只有始终与向下深耕扎根的力量相辅相成，庄稼才能长得好一个道理。因此，乾卦所呈现的积极进取、自强不息精神与坤卦所主张的厚德载物、不与人相争的气质并不是对立关系，而是一体两面的关系。因为，对立关系意味着此消彼长、此强彼弱、此起彼伏，而一体两面的关系则是相互成就、相互支撑、相互扶持的关系。乾坤共同构成了一个整体。

中国之“德”在新时代的语境中永葆青春

王学斌：在新时代“厚德载物”之发扬光大，必须与马克思主义基本原理实现深刻融通、深相结合。这关乎蕴含优秀中国传统精神要素的文化基因，如何在新时代中国特色社会主义实践中永葆青春，适应现实战略的需要，更关乎“不断赋予科学理论鲜明的中国特色，不断夯实马克思主义中国化时代化的历史基础和群众基础，让马克思主义在中国牢牢扎根”之重任。

法帅：习近平总书记指出：“坚持和发展马克思主义，必须同中华优秀传统文化相结合。只有植根本国、本民族历史文化沃土，马克思主义真理之树才能根深叶茂。”结合的关键，就在于如何将马克思主义思想精髓与中华优秀传统文化精华贯通起来。

中华优秀传统文化源远流长、博大精深，特别是厚德载物精神，其哲学基础来自古人的世界观和方法论，即《易经》上所说“一阴一阳之谓道”，整个世界是矛盾对立统一的存在，这不仅是中华民族自古以来的传统观念，也是马克思主义辩证法的核心理念。马克思主义思想精髓可以在世界观和方法论上与中华优秀传统文化精华相结合。

这与西方的世界观和方法论是有着根本区别的。西方的辩证法，在两极之间寻求某些通道，本意为求适应世界的一体，无奈却愈发加强了世界的两分。

结果产生的是人与自然关系的失衡，国际社会的零和思维、霸权秩序，人与人之间的紧张对立。

在中国，则相信宇宙本系一体，两分只是认识的一种方便法门，一个剖析手段和中间过程，即，将事物包含的不同因素和变化可能推至极端，极而言之以显同中之异，并反证着事物本为合异之同。

结果形成的是系统和谐思维，追求的是厚德载物和平共处的政治秩序，即人类命运共同体。

总之，中华优秀传统文化是系统的综合的辩证的圆融的，必将克服西方思维中的片面孤立对立紧张倾向，对构建中国特色的哲学社会科学话语体系，促进马克思主义在21世纪的发展有着重要作用。

柳康：习近平总书记在2018年12月庆祝改革开放40周年大会上发表了重要讲话，引用了《周易》中坤卦的“地势坤，君子以厚德载物”，以此表明中国共产党和中国人民所具有的宽广胸怀。在前不久召开的党的二十大上，报告中的一些内容体现出了“厚其德”的要求，凸显出了党的二十大报告自身是自觉做出“两个结合”的表率。其中的一点就是中国共产党人的自我革命理论。在不断自我革命的基础上，“厚德载物”才不至于沦为空洞的语词。自我革命理论内容丰富，而反腐败则是最彻底的自我革命。“反腐败是自我净化的根本举措，体现为除毒瘤、排病毒、去杂质，把住了自我净化这个起点，就把住了自我革命成功的关键。”自我革命体现的是筑牢地基的工作，这种工作体现了“承载者”本身的努力。

党的二十大报告中体现出积极进取的精神，同时我们也要注意其中所蕴含的“厚德载物”精神。在外交上，我们秉持着“万物并育而不相害，道并行而不悖”，因此，在多元文化共同交流的基础上，我们坚持不定于一尊，也不会称霸。独阳不长、孤阴不生。在万物互联互通的意义上，使得众生的心灵有所依托、有所安慰。只有在世界各国人民和谐地互相依存的基础之上，构建人类命运共同体才是可能的。

我们看到，在“恃强凌弱、巧取豪夺、零和博弈等霸权霸道霸凌行径”大行其道的当下，“世界又一次站在历史的十字路口”，它们挑战着各国政府、各国人民最深层的智慧。只有当世界各国不侵略他国，同样，当世界各国都能够秉承“厚德载物”所彰显的包容与和合的态度时，我们相信，构建人类命运共同体的中国倡议将成为世界各国人民的共识。在这种共识之下，我们才有可能“各美其美、美美与共”，最终达到“天下大同”。

王学斌：诚哉斯言，在深入研读与汲取马克思主义基本原理的科学精髓之同时，我们当积极提炼厚德载物的精髓，用于培养国人尤其是青年一代良好的道德人格，助益他们实现个体的自我完善，树立正确的世界观、人生观、价值观。面向未来，要实现中国式现代化，也需要善于挖掘中华优秀传统文化中“德”之资源，进一步丰富国人的精神世界，升华其精神层次，实现其全面发展。循序渐进后，中国之“德”便愈益在日常生产与生活中化于科学真理当中，而科学真理亦愈益在升华中国人的精神世界时融入个体脑海内。

任人唯贤　广揽人才

主持人：王学斌（中央党校文史教研部教授）

嘉　宾：王进锋（华东师范大学历史学系教授）

何青翰（中央党校文史教研部教师）

选贤、用贤是中国古代政治所推崇的基本原则

王学斌：三国蜀汉政治家诸葛亮曾主张治国理政“务在举贤”“为人择官者乱，为官择人者治”，如此方是正确选拔人才之法。可见任人唯贤思想自古便是传统吏治的关键内容。就吏治问题而言，我国传统资源中有着极为丰富的素材，悉心梳理，古今对比，鉴其得，察其由，可为当前建设高素质干部队伍提供一些颇值参考的经验与教训。

何青翰：“任人唯贤”典出于《尚书·咸有一德》，其原文为：“今嗣王新服厥命，惟新厥德。终始惟一，时乃日新。任官惟贤材，左右惟其人。”《咸有一德》一文记录了伊尹对太甲所做劝诫。伊尹的大意为：天命无常，唯有修德、用贤，才能长保君位。选贤、用贤，是中国古代政治所推崇的一个基本原则。所谓“任官惟贤材，左右惟其人”，应该理解为“任用官吏当选贤才，任用左右大臣当选忠良”。

《尚书》是记录中国上古时期圣王言行的历史著作，其内容囊括尧舜时期以及夏、商、周三代。由此推见，“任人唯贤”的观念在中国由来已久，可以被视为中华文明与生俱来的一种文化基因。

从历史源流上看，“任人唯贤”在思想层面的萌芽与生成在夏、商、周三代以及春秋战国时期即已完成。在秦汉重新奠立“大一统”的政治格局之后，以血缘、宗法为基础的封建制为郡县制所取代，“任人唯贤”的思想观念得到了进一步发展，并自始至终贯彻于两千年来中国历代王朝的政治生活及其改革实践。

王进锋：中国古代政治中一直有着“任人唯贤”的传统，因为人才是国家兴盛的关键。周王朝建立后，统治者在总结夏、商两族发展的经验和覆亡的教训时，充分意识到人才的重要性。周公认为夏朝的灭亡，一个重要的原因是不用往昔任人之法（“弗作往任”，见于《尚书·立政》）。他们提出商王朝在前中期的发展，与该时期杰出人物的辅佐是分不开的，“成汤既受命，时则有若伊尹，格于皇天。在太甲，时则有若保衡。在太戊，时则有若伊陟、臣扈，格于上帝，巫咸乂王家。在祖乙，时则有若巫贤。在武丁，时则有若甘盘”（《尚书·君奭》）。

不仅是思想层面的重视，而且中国古代昌盛时期的政治家们还有任用人才的切实行为。早在周文王时期，为了网罗人才，他就能“礼下贤者”，甚至“日中不暇食以待士”，因此各方贤能之士“多归之”（《史记·周本纪》）。周公辅佐周成王的时候，“一沐三捉发，一饭三吐哺，起以待士”，这样做的目的就是“恐失天下之贤人”（《史记·鲁周公世家》）。西周末年的宣王时期，继续

“进用贤良”，任用樊仲山父、尹吉父、程伯林父、虢文公、申伯、韩侯显父、南仲、方叔、仍叔、邵穆公、张仲“为卿佐”（《太平御览》引《帝王世纪》）。

任人之要，各得其所

王学斌：大致而言，任人唯贤涵盖三个方面。为政之要，惟在得人。国以人兴，政以才治，无论国家治理，抑或地方治理，选人用人都是不可或缺、重中之重的工作，恰如东汉学者王符所形容的，“治世不得真贤，譬犹治疾不得真药也”。

用人之要，选贤任能。《管子·立政》专对国家治乱之原有过精到剖析：“一曰德不当其位；二曰功不当其禄；三曰能不当其官。”倘若大臣的德行与地位不相称，功劳与俸禄不相称，能力与官职不相称，那么这个国家极可能陷入是非不明、政令不通、正道不行、祸乱不已的险境。这实际上提出了为政者该如何权衡官吏德行与才干关系的命题。

任人之要，各得其所。物之不齐，物之情也。

《荀子·大略》中关于人才类型与处理的思路，颇值我们参考。该篇认为国之人才，“口能言之，身能行之，国宝也。口不能言，身能行之，国器也。口能言之，身不能行，国用也。口言善，身行恶，国妖也。”言行一致、德才兼备者，这是担负重任的国宝级人才；言词木讷、做事正直者，属于国家各项事业的骨干，这是值得信赖的重器；讲求德行、拙于实践者，也能为国家发展贡献一份绵力，这是可供使用的力量。正基于此，主政者应“敬其宝，爱其器，任其用，除其妖”。

王进锋：中国古代政治实践中会通过一系列切实措施来保障“任人唯贤”，我们可以大致梳理如下。

其一，通过由下而上的推荐。如西周政府在国内的各乡设置了“乡大夫”官，他们的主要职责是掌管本乡的政教和禁令。乡大夫每三年在自己的治理区域里举行一次大校比活动，考察民众的德行、道艺，从中选拔荐举德行优异和才能卓越的人。

其二，通过学校教育来一步步地选拔。中国古代不同时期都建立了从上到下不同级别的各类学校。这些学校会定期对其中的学生进行选拔，下一级学校推选出优秀者到上一级学校学习。最后，政府会从最高级别的大学中选拔出优秀的人员来担任官职。如《礼记·王制》记载：司徒命令各地的乡官评定出乡学中杰出的人员推举给司徒，这些被推举的人称为“选士”。司徒再从选士中评定出优秀的人员推荐到大学学习，这些人被称为“俊士”。选士可以免除乡里的服役征召，俊士可以免除国中的服役征召。在大学中学习的俊士又称为“造士”。掌管大学教育的大乐正官考评造士，将其中特别优秀的推荐给司马，称为“进士”。

其三，根据军功，在军队里选拔人才。周武王在灭商战争取得胜利之后“封功臣谋士”，除了将一些重要的人员封为诸侯外，还对军中的其他人员“各以次受封”（《史记·周本纪》）。在这个过程中，很多取得了战绩的人才得到了任用。

其四，通过人才自我推荐。商末周初的太公望吕尚通过一种独特的方式来推荐自己——吕尚通过钓鱼的方式向西伯游说，为周族的发展壮大提出了很好的策略，西伯非常高兴，将其带回，并任命其担任重要职位“师”。

其五，通过其他的特殊方式来选拔人才。除了以上所说的选拔人才的方式，古代不同时期还采用其他的特殊方式来选拔人才。如周代，会通过射礼来选拔人才。周人特别重视射礼，他们认为通过射礼中一系列环节的检验，可以观察一个人的德行，如《礼记·射义》记载：参加射礼的时候，天子、诸侯、卿大夫、士都以特定的诗乐为节拍。他们相信各自遵循着自己的节奏，才“不失其事，则功成而德行立；德行立，则无暴乱之祸矣。功成则国安”（《礼记·射义》），从这个角度讲，射礼与国家的安定都有一定的关系。正是由于以上原因，周代有时“天子以射选诸侯、卿、大夫、士”（《礼记·射义》）。

由此可见，努力做到“任人唯贤”，保障举荐方式的多样性一直是重要措施之一。

为政之要，莫先于用人

王学斌：“为政之要，莫先于用人。”中国数千年的历史，蕴含着丰富的吏治实践与思想。正如习近平总书记所指出的，这些思想和做法“也带有明显的历史局限，其中有不少封建糟粕，这是我们必须注意的”。

因此，建设忠诚干净担当的高素质干部队伍，做好干部培育、选拔、管理、使用工作，要坚决贯彻新时代党的组织路线，依据当今世情国情党情，对于古代吏治问题要进行批判性继承、创造性转化，我们应注重提炼古代吏治思想的有益经验，善于发掘传统制度精神的合理内核，辩证对待，为我所用，以识才的慧眼、爱才的诚意、用才的胆识、容才的雅量、聚才的良方，把党内外、国内外各方面优秀人才集聚到党和人民的伟大奋斗中来。

何青翰：先秦时期由诸子百家所引发的思想碰撞，使中华文明得以凝结、成型，造就了气魄宏大的文明气象。在诸多思潮之中，以孔子所代表的儒家，最终完成了对三代文化遗产的总结，并且实现了精神人文主义层面的思想突破。

综前所述，我们可以简要总结“任人唯贤”观念的两个基本要义：第一，“贤”不离“能”，德才兼备是“贤”的完整定义。第二，“选贤”“任贤”，既要从上而下地予以考察，严格把握标准，也需要自下而上地予以举荐，尊重公众意见。

中国共产党是在中华民族陷入生死存亡考验的紧要关头登上历史舞台的。工业革命之后，面对步步入侵的帝国主义，现代政治训练匮乏的中国士大夫群体无法挽救危局，一败再败，终于导向了对组建现代政党组织的思考。

1848年，经过充分的思想理论准备，马克思、恩格斯发表的《共产党宣言》成为无产阶级政党建设的纲领性文件，作为无产阶级政党的第一个完备而系统的纲领，第一次对无产阶级政党学说的基本原理进行了完整阐述。在领导俄国革命的过程中，列宁总结实际的革命经验，发展了马克思的建党思想，从而提出了完整的先锋队理论。在这一基本特征上，马克思所设想、列宁所实践的共产党的政党逻辑，与中华文明历来所信奉的以“先知觉后知，先觉觉后觉”为其宗旨的“贤能”政治形成遥远的共振、呼应。

统观中国共产党的人才观念，既有无产阶级政党的核心精神，又汲取了中国古代“任人唯贤”思想的精华。归结起来，从旧到新，中国共产党人对于“任人唯贤”的传统观念做出了重要继承。第一，广揽五湖四海的人才。中国古代推崇三代之治的公心，不以血统、门第为选才用人的限制；而中国共产党则更为彻底地打破封建因素的限制，对于一切拥护共产主义、热爱中华民族、服务人民群众的先进分子都予以吸纳、重用，促使人才源源不断地生长起来。第二，贤能并举，德才兼重。中国古代政治尤其讲求“修身”，将个人道德修养视为政治生活的根本保证。中国共产党历来要求选人、用人必须做到以德为先，重视考察个人的政治信仰与道德品质，不断增强人才队伍的专业技能和干事能力。第三，民之所好好之，民之所恶恶之。中国古代政治强调民本意识，要求重视民意。中国共产党对于“贤能”的选拔判定，也把考量人民群众的意见作为重要环节，一切工作要以老百姓的切身感受为基础，做到为民选才。

现在，“任人唯贤”已经写入我们的党章。2018年11月26日，习近平总书记在中共中央政治局第十次集体学习时强调："用人以公，方得贤才。公正用人是我们党立党为公、执政为民在组织路线上的体现，应该成为我们选人用人的根本要求。"由此可见，"任人唯贤"是中国共产党选拔、培养、使用和管理干部的根本要求，也是中国共产党一贯坚持和执行的组织原则。

讲信修睦　共筑和谐

主持人： 王学斌（中央党校文史教研部教授）

嘉　宾： 王　煦（中央党校文史教研部副教授）

赵亦彭（河北省委党校党史部副教授）

“讲信修睦”成为“天下大同”理想的社会基础

王学斌： 党的二十大报告提出了中华优秀传统文化同科学社会主义价值观相契合的系列重要理念，其中就包括“讲信修睦”。“讲信修睦”一语出自《礼记·礼运》：“大道之行也，天下为公，选贤与能，讲信修睦”，是中华民族上古先民很久之前就已形成的一种对“大同”理想社会的描述。“讲信修睦”的意思，按《辞海》的解释，就是“讲求信用；修习和睦相处之道”，其所针对的对象或实施的主体，既是个体的人，也包括家庭、宗族、邻里、社区，还延伸到一个国家的内政和外交，是对全社会普遍适用的基本行为规范和道德准则，反映了自古至今人们对良好人际关系与和谐社会秩序的认知与期望。

王煦：理解“讲信修睦”，不能不从其中“信”和“睦”两个核心概念入手。中国历史悠久，文明早成，“信”与“睦”的思想也源远流长，西周金文中二字即已出现。“信”，本义为开口许诺或以言语保证，后引申为言语真实。“信”在上古时代即为社会公认的为人、处世、治国的重要原则。如《尚书·康王之诰》中赞扬周文、武二王“信用昭明于天下”，奠定周朝根基，为治国之楷模。

在“信”思想的发展过程中，儒家发挥了巨大作用。从孔子开始，儒家就高度重视“信”。据学者统计，《论语》中提及“信”字就有38次之多。在儒家看来，“信”是一种待人接物之道，“与国人交，止于信”（《礼记·大学》），“与朋友交，言而有信”（《论语·学而》引子夏语）。“信”在一个人的道德系统中，居于最基础的、前提性的位置，并与其他道德理念紧密相连，共同构成儒家所倡导的价值和道德体系。

汉代之后，“信”更被归纳为“五常”（仁、义、礼、智、信）之一，成为中国传统文化核心价值理念，广泛传播，深入人心。“信”本身似乎义理并不高深，但其精神与原则贯穿于其他道德理念中，承托着其他道德准则，以至整个价值体系得以确立。

“讲信修睦”中另一个关键词是“睦”。“睦”，《说文解字》解释为：“睦，目顺也。”本指目光平和、温顺，使人有亲近感。古人训解“睦”之字义为“亲”“和”“敬”。“睦”与“信”一样，也是一个广泛涉及社会生活各层次的普遍性行为准则。《礼记·礼运》将“睦”作为社会，乃至整个世界（“天下”）太平和谐的一大保障：“士以信相考，百姓以睦相守，天下之肥也。”能够管控分歧，化解矛盾，“睦”对于国家治理显然也有更为现实和直接的意义。对内，要

“上下和睦，周旋不逆，求无不具，各知其极”（《左传·成公十六年》），国家才有秩序、有力量；对外，也只有达到人民“和协辑睦”，国家才有能力“以备寇戎”（《管子·五辅》）。

通过古代典籍对“信”和“睦”的阐释，我们就能更好地通观理解“讲信修睦”。在这里，“信”与“睦”构成了一个整体，“信”是社会的基本原则，是社会稳定的基础、社会和谐的保障，也是“睦”的基本前提；“睦”则是“信”的一大重要成果，展现了更为稳定、积极的社会关系，以及更为和谐、系统化的社会秩序。

“讲信修睦”成为中国人始终秉持的“天下大同”理想的社会基础，文明社会只要还在存续，这种追求和期望就不会消失。同时，“讲信修睦”也升华、内化为一种具有普遍意义的价值观念和道德原则，激励、指引一代代中国人为了建成一个和谐美好的社会而不懈努力。

赵亦彭：“讲信修睦”将“信”与“睦”有机结合在了一起，组成一个完整的实践逻辑。在这里，“讲信”为人们处理社会关系提供了行为规范；“修睦”则是“讲信”的实践追求，同时也是对“讲信”的正向回馈。人作为一切社会关系的总和，在日常的社会实践中，通过讲求诚信建立起相互信任、密切联系与普遍认同的共同价值，这些又为建构团结、稳定、和谐、有序的社会环境提供了必要的现实基础，而这种社会环境本身又是人得以更好生存与发展的必备条件。

“讲信修睦”不仅是中国传统治理文化中的重要价值准则，更是重要的思想内核与实践方向，是中华优秀传统文化具有代表性的文化基因与文化符号，其在历史的不断发展过程中也得到接续传承。

“讲信修睦”蕴含着对和谐社会秩序的普遍性追求

王学斌：衡古观今，包括“讲信修睦”在内的中华优秀传统文化，暨中华文明的宇宙观、天下观、社会观、道德观，需要我们在马克思主义中国化、中国特色社会主义建设、中华民族伟大复兴的现实进程中加以审视，要在中华文明赓续延展的历史脉络中加以理解，不断实现其更为本质、深刻的功能与价值。

赵亦彭：“讲信修睦”是中国传统治理文化的重要思想内核。在描绘中国人心目中的盛世景象时，《礼记》描述了治国理政的最高理想，是让全天下都能为人们的共同利益服务，选拔德行高尚的人，任用能力出众的人，人与人之间讲求诚信，构建和谐的社会关系。这是中华传统文化对“什么是理想社会”的初步概括，同时也是对“如何构建理想社会”这一人类之问的历史回答。

在这样的理想境界里，确保“选贤与能”为社会实践提供必要的素质准备，“讲信修睦”则从构建社会关系的角度，为实现“天下为公”提供了社会层面的思想与价值准备。

王煦：“讲信修睦”，因其蕴含的对和谐社会秩序的普遍性追求，而具有了超越时空的强大持久生命力，也与近代以来我们所追求和坚守的马克思主义、科学社会主义价值理念存在着显著的内在契合性。

就“信”而言，马克思在世时就高度关注诚信问题，也极为重视人际关系和社会组织。他从经济学视角研究资本主义信用制度，指出其历史进步性——“信用制度加速了生产力的物质上的发展和世界市场的形成”。而资本主义信用制度对社会经济矛盾和危机的加剧与诱发，也“加强了旧生产方式解体的各种要素”，促使资本主义加速过渡到新的社会制度（《资本论》第三卷）。由此，在社会主义社会，信用制度就绝不能成为少数人剥削社会财富的工具，而必然要以推动社会整体利益发展为其终极目的。另一方面，马克思主义者也注意到信用在心理层面的作用。信用并不是纯粹的经济问题，它更多的是经济与道德问题相结合的产物，是人们在经济领域中必须遵循的道德原则。马克思主义者在批判资产阶级（乃至一切剥削阶级）道德中“诚信”的虚伪性的同时，也强调革命的、社会主义政党和政权必须具有真正的诚信，其核心就是切实践行为人民服务，以人民为中心。

除了作为社会基本法则的诚信之外，马克思主义者也强调在新社会中实现和谐有序发展，从而与“修睦”的思想形成呼应。在马克思主义者所描述的共产主义社会中，人是社会的主体，人在社会中生活的最终目标是实现自身的自由而全面发展。而“人是一切社会关系的总和”，人的全面发展的基本内容自然也包括人的社会关系（人与人、人与社会）的协调发展，“人终于成为自己的社会结合的主人”（恩格斯《社会主义从空想到科学的发展》），社会达到真正的和谐和睦，实现社会文明新的飞跃。

马克思主义传入中国后，因其与中华优秀传统文化的内在契合性，为古老的“讲信修睦”思想注入了新的活力，同时“讲信修睦”也为中国革命实践和马克思主义中国化进程提供了宝贵的理论资源和深厚的价值滋养。

将“讲信修睦”写在人类文明发展史的历史长卷上

王学斌：我们要继续深入发掘、阐明“讲信修睦”等优秀传统价值理念与马克思主义基本原理、科学社会主义价值观主张的契合之处，同时也要不断推进其创造性转化、创新性发展，以适应现代社会和国家未来发展的需要，更好地激发当代国人的精神共鸣。

具体对“讲信修睦”而言，也就是需要我们在认清其思想源流、光大其精神理念的同时，找到其适应当代中国民主政治、市场经济、法治社会、多样文化的落脚点和能够发挥更强大、更实质性影响的切入点，达到观念融通、制度保障、社会监督和实践贯彻的全方位古今圆融一体，将中华文明的优势持久延续而发扬光大，不断助力当代中国和中国人的思想理论发展、精神境界升华、文明程度提高，为建立更加和谐美好的国家与社会夯实基础。

王煦：党的十八大以来，以习近平同志为核心的党中央高度重视社会诚信建设与和谐发展。习近平总书记就社会诚信、和谐问题作出了诸多重要论述和部署，遍及政治、经济、社会、文化、党的建设等各大领域，不断赋予它们新的内容和意蕴。

在实践中，“和谐”“诚信”“友善”作为社会主义核心价值观的重要内容，得到持续宣传、培育和践行。“和谐”更成为建设社会主义现代化强国的目标和价值追求之一。

党的二十大进一步提出，要完善包括社会信用等在内的市场经济基础制度，健全诚信建设长效机制，同时提高政府行政效率和公信力。诚信从传统社会的道德理想日渐发展为贯通精神、制度、实践全方位的社会规范体系，覆盖到人们生活的方方面面，捍卫着人民群众的切身利益，也不断促成全社会持久和睦与和谐。

赵亦彭：每当中国社会发展进入新的历史阶段，如何对待既有文化，如何实现既有文化的当代价值，都会引发人们的思考。在中华文明几千年的历史长河中，传统文化得以不断实现自我充实、自我发展、自我更新直至自我迭代，最终生生不息、与时俱进，靠的便是敢于自我扬弃。作为传统社会治理文化核心理念的“讲信修睦”也是如此。

新时代赋予传统文化新的使命与任务，实现国家治理现代化，首先要实现符合社会发展规律与实践标准的社会治理思想的现代化。作为传统社会价值重要组成部分的“信”与“睦”，在新时代社会核心价值观中同样占有一席之地。新的历史实践和对现实的深刻把握，使得“讲信修睦”有了更加丰富的文化内涵、更加广泛的实践延伸，彰显出更加深刻的时代意义。

在党的二十大报告中，习近平总书记发出了“以中国式现代化推进中华民族伟大复兴”的伟大号召。中国式现代化概念的提出，是马克思主义中国化时代化的历史实践总结，也从理论到实践层面对优秀传统文化进行了科学、系统地激发：在将其转化为马克思主义理论深深植根中华大地的文化沃土的同时，也催化了传统文化现代性转化的内生动力。在马克思主义中国化时代化的历史语境下，“讲信修睦”成为中国式现代化历史实践过程中传承优秀传统文化的重要价值内涵。

“讲信修睦”从历史与辩证两个角度给出了切合中国具体实际的答案：尊重客观事实、顺从客观规律、按客观规律办事、最终实现走在客观规律前面，让客观规律为现实工作服务。涵育“讲信”的精神文明，丰富“修睦”的物质文明；用对自然环境的“讲信”，实现人与自然关系的“修睦”。“讲信修睦”以其厚重的历史底蕴与高度的文化契合性丰富了中国式现代化的思想内涵与理论意蕴，为中国特色社会主义治理文化牢牢扎根新时代建设事业提供了丰厚的历史文化沃土。

《荀子·天论》谈及客观世界的多样性发展，认为“万物各得其和以生，各得其养以成”。“海纳百川，有容乃大”，是对中华文明亘古以来兼容并蓄、开放包容的绝好形喻。当代中国坚定地站在历史正确的一边、站在人类文明进步的一边，用自己的实际行动，以文明交流超越文明隔阂、文明互鉴超越文明冲突、文明共存超越文明优越，将“讲信修睦”实实在在写在了世界文化交流史与人类文明发展史的历史长卷上。

亲仁善邻　国之宝也

主持人：王学斌（中央党校文史教研部教授）

嘉　宾：王　乐（中央党校哲学教研部伦理学教研室副教授、副主任）

周励恒（中央党校文史教研部讲师）

亲仁善邻闪耀着中华文明睦邻处世的智慧光芒

王学斌：“亲仁善邻，国之宝也。”这句古训，闪耀着中华文明所独有的处世之道与智慧光芒。在新的时代，中国共产党人对这一悠久理念进行了创造性转化和创新性发展，提出了人类命运共同体的思想主张。可以说，这是对中华优秀传统文化中“亲仁善邻、协和万邦”等理念的承继与拓展。

王乐：“亲仁善邻”，出自春秋时期鲁国左丘明所著的《左传·隐公六年》：“五父谏曰：‘亲仁善邻，国之宝也。君其许郑。’”后来在传统文化典籍中多次使用，是中华民族传统睦邻智慧与处世之道的显现，也是当前构建人类命运共同体的思想渊源之一。

亲仁善邻，是中华民族重视和睦邻里关系、树立可信赖的外部形象、构建良好地缘关系的人际智慧与处世之道的重要体现。理解“亲仁善邻”，需要从“亲仁”和“善邻”两个层次去认识。

毋庸置疑，“亲仁”和“善邻”都不是空洞的理念阐释或观念感受，而是传统儒家所主张的一定要付诸真实的“学而思”实践。就实质而言，“亲仁”是建立“善邻”关系的基础。“仁”作为中国儒家思想的核心范畴，是中华优秀传统文化的根脉之一。“仁”是一个可以无限实践的过程，是一种对人的真挚感情和责任感，是可以从爱最亲近的人出发，真诚地去关怀人、成就人、成就整体公共利益的“知仁”和“行仁”的统一体。

在中国古代社会，“仁”或“仁德”是一切人伦关系的伦理之德的集中体现，是可以由“爱亲”之“仁”出发，成为“仁人”（即有仁德之人）的道德之本或基始。“亲仁”至少有两层意涵，分别代表着“亲仁”的两种基本对象。“亲仁”的第一层意涵，是指亲近有仁德的人；第二层意涵，即是亲近“仁德”这种德性。《易经》中“同声相应、同气相求”所说的就是这个道理。亲近“仁德”，既可通过“里仁居”选择有仁德风尚的安居之所实现，更需要“我欲仁，斯仁至矣”的努力追求去达成“德日进，过日少”。

从“亲仁”的两层意涵来看，其本质上是希望由“亲仁”来“安仁”，“君子无终食之间违仁，造次必于是，颠沛必于是”，坚守仁德而不动摇，“苟志于仁矣，无恶也”。以动态地、不懈不止地亲近和走向“仁”，来提高与完善人，实现人类社会中人们之间相亲相爱，达到天下有道的目标。

“善邻”从原则性和务实性相统一的角度体现“亲仁”理念的实践策略与方法智慧。“善邻”崇尚“仁”，倡导亲诚惠容、与邻为善、以邻为伴的立场和态度，是一场基于平等性基础之上的关于“责任”与“尊爱”的双向奔赴。

自古以来，中国人始终认为家族和国家的昌盛，从来不是通过对外战争抢夺攻伐而来，而是施以仁爱、道义于邻人和邦邻，讲信修睦、修文服远。隋唐时期，各国纷纷遣使来华交流，有着求学、经商、游历、宗教活动等大量民间往来。这一时期，正如李白诗中所展现“四门启兮万国来，考休征兮进贤才。俨若皇居而作固，穷千祀兮悠哉”的万国来朝盛况。

《左传·隐公六年》所记载的陈国公子五父劝诫陈国国君（陈桓公）同意郑国请求，两国交好，并强调“亲仁善邻，国之宝也”，但陈桓公听不进去，结果导致国难，体现的正是对这一历史经验的总结。在这一历史典故中，“亲仁”得以与“善邻”互文，进而揭示亲善友爱邻（国）人的重要意义。由“亲仁”而起，“仁”得以具体化、一体化地融入各种人伦关系之中，与人为善、以邻为伴、宗族相助、家国一体，塑造中华民族温良敦厚、勤劳善良、反求诸己、注重内省、推己及人、成人之美的民族性格，也是华夏文化独特的境界和魅力所在。

亲仁善邻是中华民族在自强不息和兼收并蓄中所形成的国之宝策

王学斌：亲仁善邻的思想，与马克思主义关于人类社会发展的历史逻辑有机统一，是中国共产党对马克思主义理论的创新性发展。马克思认为，人的本质在其现实性上是一切社会关系的总和。个人只有在共同体中，才能获得全面发展其才能的手段。

由此，“各个相互影响的活动范围在这个发展进程中越是扩大，各民族的原始封闭状态由于日益完善的生产方式、交往以及因交往而自然形成的不同民族之间的分工消灭得越是彻底，历史也就越是成为世界的历史”。

周励恒：中国历来高度重视发展与周边国家关系，“与邻为善、以邻为伴”，增进周边国家对中国的了解，增强信任，减少疑虑。在1946年，毛泽东就提出“中间地带”的概念，主张争取和团结新兴的独立民族主义国家。在20世纪50年代，中国政府制定并推行了睦邻友好的外交政策，积极努力争取与周边邻国建立相互信任的外交关系，形成安全稳定的周边环境，以打破美国编织的反华包围圈。

改革开放以来，中国为实现更好的发展，继续坚定不移地奉行睦邻政策，制定了“稳定周边、立足亚太、走向世界”的对外战略总目标。中国的睦邻政策以和平共处五项原则为核心，强调主权平等、和平共处、“求同存异”，以及用和平方式解决边界领土争端。进入21世纪以来，随着与周边国家合作与发展形势的不断变化，党的十六大确立了“与邻为善，以邻为伴”和“睦邻、安邻、富邻”的外交方针来指导21世纪中国对周边国家的外交工作，共筑稳定、和谐的国家关系结构，与亚洲各国实现共同发展。

党的十八大以来，中国对发展与周边国家关系更加重视。2013年10月，中国首次召开周边外交工作座谈会，习近平总书记指出：“无论从地理方位、自然环境还是相互关系看，周边对我国都具有极为重要的战略意义。思考周边问题、开展周边外交要有立体、多元、跨越时空的视角。”同时，他还提出亲诚惠容理念，“坚持睦邻友好，守望相助；讲平等、重感情；常见面，多走动；多做得人心、暖人心的事，使周边国家对我们更友善、更亲近、更认同、更支持，增强亲和力、感召力、影响力。要诚心诚意对待周边国家，争取更多朋友和伙伴。要本着互惠互利的原则同周边国家开展合作，编织更加紧密的共同利益网络，把双方利益融合提升到更高水平，让周边国家得益于我国发展，使我国也从周边国家共同发展中获得裨益和助力。要倡导包容的思想，强调亚太之大容得下大家共同发展，以更加开放的胸襟和更加积极的态度促进地区合作”。

王乐：“亲仁善邻”思想深深影响了中国人对于人类命运共同体的认知。“亲仁善邻”体现了中华民族独有的内敛与厚重，承载着中华民族特有的宽厚与包容，是中华民族在自强不息和兼收并蓄中所形成的历久弥新的价值观念，更是长治久安、繁盛昌隆的国之宝策。中华文明将“亲仁善邻”等文明思想作为价值共识和族群认同标志，以不同于其他文明的中国智慧开创了最有气象、最具格局的文明传统，为中华民族提供了生生不息、发展壮大的丰厚滋养。

王学斌：人类命运共同体思想站在聚焦人类历史发展进程的高度，探索当代国际社会共同遵循的价值取向，毫无疑问是对马克思倡导的“真正的共同体”思想的继承和发展。

亲仁善邻为建设新型国际关系提供了中国方案

王学斌：放眼当今世界，各国的相互联系和彼此依存比以往任何时候都更频繁、更紧密，和平、发展、合作、共赢已经成为时代潮流。

在很多场合，习近平总书记多次引用中华优秀传统文化的相关典故，来表达中国的外交理念。在德国科尔伯基金会的演讲中，习近平总书记指出，中国自古就提出了“国虽大，好战必亡”的箴言。“以和为贵”“和而不同”“化干戈为玉帛”“国泰民安”“睦邻友邦”“天下太平”“天下大同”

等理念世代相传。在亚洲文明对话大会开幕式上，习近平总书记指出，亲仁善邻、协和万邦是中华文明一贯的处世之道。

周励恒：亲仁善邻的思想确实是我们一以贯之的处世之道。我们可以回头看春秋时期，这在史家眼里是一个礼崩乐坏的时代，整个社会的价值取向呈现出多元化的态势。即使如此，春秋时期仍有一些品德高尚的政治家坚持践行“亲仁善邻”的理念。

比如秦穆公在处理与晋国关系的过程中，就不念旧恶，解救晋国的危机。鲁僖公十三年（公元前647年）冬，因为粮食歉收，晋惠公向秦国求购粮食。此时的秦晋关系非常微妙，两国国君虽有姻亲，但又互有矛盾。秦穆公曾辅助晋惠公夺得王位，但晋惠公却拒绝兑现之前许诺给秦国的土地。在考虑是否援助晋国时，秦穆公接受了百里奚“救灾、恤邻，道也。行道，有福”的建议，决定出于人道救济遇到天灾的邻国，挽救了晋国百姓的生命。

尽管在《左传》的世界中，背信弃义、尔虞我诈的事情层出不穷，但“礼”“德”“仁”“敬”等关乎秩序的修辞依然闪烁着耀眼的光芒。即使相隔两千多年，我们仍能感受到当时人们对建立理想道德秩序的渴望和追求，他们做过的“仁”的事业，无疑在历史上闪耀着夺目的光辉。“亲仁善邻”也成为中华民族优秀传统价值观、道德观的重要组成部分。

总体上看，中国对待邻国一贯以亲仁善邻、以和为贵为宗旨。新时代中国对邻国的外交重在打造周边命运共同体，更多体现出了大国的担当精神，将“中国梦”与亚洲发展紧密地融合在一起，为建设以合作共赢为核心的新型国际关系提供了中国方案。

王乐：古往今来，正是从“亲仁善邻”的导向出发，中国人始终主张和合与共、以和为贵、和而不同，坚持与人为善、推己及人，建立和谐友爱的人际关系；中国各民族始终互相交融，和衷共济，形成了团结和睦的大家庭；中华民族始终亲仁善邻，协和万邦，与世界其他民族在平等相待、互相尊重的基础上发展友好合作关系。

新时代，以习近平同志为核心的党中央，以全人类共同视野对“世界怎么了”的时代之问做出了“百年未有之大变局”的战略判断。

习近平新时代中国特色社会主义思想深刻把握人类社会发展规律，从中华优秀传统文化中汲取思想智慧，统筹中华民族伟大复兴战略全局和世界百年未有之大变局，坚持推动构建人类命运共同体。一方面承认国际社会面临着各种全球性问题和挑战这一严峻事实，强调从最坏处着想，若不能同舟共济，就有可能同舟倾覆；另一方面指出各国人民拥有共同命运，以及在此基础上的共同意识、共同身份、共同利益和共同责任。

如今各国相互依存度持续增加，只有尊重、包容不同文明的存在，坚持互利合作，纳百家优长，集八方精义，才能为解决人类重大问题，建设持久和平、普遍安全、共同繁荣、开放包容、清洁美丽的世界贡献更多中国智慧、中国方案、中国力量。

王学斌：在中国共产党与世界政党高层对话会上的主旨讲话中，习近平总书记指出：“人类命运共同体，顾名思义，就是每个民族、每个国家的前途命运都紧紧联系在一起，应该风雨同舟，荣辱与共，努力把我们生于斯、长于斯的这个星球建成一个和睦的大家庭，把世界各国人民对美好生活的向往变成现实。”

《论语》有云：“己欲立而立人，己欲达而达人。”这正是一个大国、一个大党所应有的气度、格局与风范。

自强不息　勇毅前行

主持人：王学斌（中央党校文史教研部教授）
嘉　宾：孙羽津（中央党校文史教研部副教授）
翟金明（人民出版社编辑、文史学者）

庄敬自强，培养永不止息的刚健精神

王学斌：众所周知，中华文明悠久且绵长，此种特质，来之不易。无数的上古先民，在谋生繁衍之余，心中始终横亘着一个问题：生与死。对它的思索与回应，不仅仅是解答其他一切问题之开始，亦将是其他一切问题之归宿。正是于此问题苦苦冥思中，古代中国与彼时的希腊、两河流域、印度等地一同步入了轴心时代。

在春秋战国时代，传统中华文明实现了对自身文化的突破与超越。自此始，人类产生了独立于社会的意识，并要思考与探寻不朽的人生价值。

思考关于宇宙、世界、人生等之间的终极价值，面对天人之际，便构成了孔子当年所称誉的“大哉问”。《周易》就此问题给出了铿锵有力的答案：“天行健，君子以自强不息；地势坤，君子以厚德载物。”这种伟大精神历经数千年岁月沉淀，融汇于中华民族文明河床之中。

孙羽津：自强不息，语出《周易·乾卦·象传》：“天行健，君子以自强不息。”在先民们看来，昼夜交替、寒来暑往的自然规律，是上天永不止息的刚健之德的生动体现。在刚健之德的煦育之下，自然万物才能生生不已、繁衍发展。作为万物灵长的人类，更要体认践履上天刚健之德，不断充实和强健一己身心，尽力应事接物，修齐治平，毫不懈怠地奋斗一生，唯其如此，才能庶几达到与天合德、至高无上的道德人格——君子的境界。

具体而言，自强不息包含着三重涵义，一是“强”所蕴含的意志力，二是“自”所彰显的主体性，三是“不息”所强调的恒久性。

首先，古人所崇尚的“自强”之“强”，是独立不倚、坚忍不拔的意志力及道德人格。孔子曾经这样界定君子之“强”：“君子和而不流，强哉矫！中立而不倚，强哉矫！”（《中庸》）在孔子看来，真正的强者不会随波逐流。比如爱国诗人屈原，“不获世之滋垢，皭然泥而不滓者也”（《史记·屈贾列传》）。屈原并非不知明哲保身的处世哲学，但他始终坚守自己的理想和追求，直至生命的最后一刻。可以说，屈原做到了孔子所说的“中立而不倚”和“至死不变”，与刚健不息的天道相侔，因此被史家誉为“与日月争光”。

其次值得注意的是，“自强”之“自”所彰显的主体性。“天”本身就是自在自为的，“人”对“天”的取法和效仿，从根本上讲就是体认“天”的独立自主的品格，进而彰显人的主体性。《老子》第三十三章云：“胜人者有力，自胜者强。”终极意义的“强”，并不依靠人与人之间的角力和竞争实现，而在于内心世界的不断跃升和自我心智的不断成长。在众多家喻户晓的故事中，我们时常感受到自强不息精神，比如女娲补天、夸父逐日、愚公移山等。在这些故事里，主人公往往终其一生从事一项近乎不可能完成的事业，这份执著追求，并不是为了向谁邀功，也不是为了流芳百世，只是为了更好地完成自己的使命。

这是一种伟大的平凡，更是一种平凡的伟大。也正因如此，成为一个自强不息的君子，不只是圣贤才能实现的境界，而是每个普通人通过努力都能达到的。

最后，“自强不息”并非朝夕之功，它具有“不息”的恒久性特质。天之所以拥有刚健之德，就在于它日夜不息地运行化育。正如苏轼所说：“夫天，岂以刚故能健哉？以不息故健也。”

由此可见，体认践履上天刚健之德，关键在于“不息”，这是一个需要终身行之不怠的恒久过程。每日待人接物、学习思考都用一颗庄敬之心去对待，在事上磨砺自强的品格，这样才能真正把上天的刚健精神安顿于一己身心之中，成就一番事业。

自强不息，涵化于中华民族的精神血脉中

王学斌：中国人强调“自强”，注重“不息”，自有其深刻渊源。我们长期以来属于农耕型文明，周而复始，稳定的农业发展，持续的人口增长，不断的智力供给，在与大自然的不懈交锋交融中，先民培育出了一种自强不息、百折不挠的可贵品质，这种品质与自然环境密不可分。

黄土算不上多么肥沃，黄河也谈不上多么温和，只有人类的不舍努力，有一分气力放下去就出一分东西，不放就一无所有。自然而然一种近乎于“实践理性”的思维方式逐渐形成：人类施加于外部世界的作用会有规律地产生结果；世间万物不仅因果相连，且这种关系是稳定的。于是中华文明从很早就逐渐淡化了有神论的思维模式，这也是为何“德行焉求福，故祭祀而寡”“仁义焉求吉，故卜筮而希”等理念在先秦时期即开始流行的缘故。

由此塑造了中华文明最基本的一些精神属性或文化基因：一种可以视为源自日常经验的具有鲜明

实践理性底色的思维方式，自强不息便是其中之一，诚可谓中国人的基本生命特质。故出自《周易》的“自强不息”蕴含着两层基本涵义：首先，强调人应当刚健有为，积极进取。其次，追求“日新”和“不息”，要求人们在进取的过程中时刻激励自己永不懈怠，不断推陈出新。

此后，“自强不息”精神在千百年中始终得到人们的传承、传扬，成为中华优秀传统文化的重要组成部分。先秦时期，“自强不息”通常被诠释成个人处世坚忍不拔、迎难而上的思想品格；汉唐时期，“自强不息”成为融汇三教合一思潮的关键理念；宋明时期，士大夫对“自强不息”的认识更重人事，并且理学士大夫进一步改造汉唐以来的儒家天道观，通过“天理”解释“自强不息”，奠定了后世解《易》的主流思路；近代以来，“自强不息”的精神激励价值不断凸显，孙中山倡导“吾志所向，一往无前，愈挫愈奋，再接再厉”。

毛泽东在青年时期就非常看重自强和独立，指出：“有身而不能自强，可以自强而故暴弃之，此食馁败而立岩墙也，可惜孰甚焉！”他这种自立自强的思想理念和人格精神，日后熔铸升华为中国共产党人精神谱系中的核心内容。

翟金明：我们要明白，“自强不息”并非为儒家所独有，而是中华民族5000多年无数先贤君子、志士仁人所推崇并涵育的精神品质。

自强不息，其主体首先是“自己”。人要成为自己的主人，拥有自己全部的“主体”，并能做到自主、自信、自知、自胜。马克思说：“作为一个完整的人，占有自己的全面的本质。”这是自强不息能够实现的内在动力，如同天道运行一般，有自己的原则和规律。无论在何种条件下，遇到何种问题，都要自励、自强。

所谓“强”，并非以战胜他人为结果，而在于战胜自己的弱点，不断地提升和完善自己。《尚书·皋陶谟》称禹之德有“强而义”，“无所屈挠，动必合义”，即不受外力所干扰，使自己的言行合于道义。至于“不息”，属于天道所具有的客观表现。所谓“天道”，就是日月运行永不停止，无为而能成就万物。《周易·系辞上》云：“富有之谓大业，日新之谓盛德，生生之谓易。”天道包罗万象、运行不息，根本原因在于做到了“日新”，方能实现生生不息。

包括“自强不息”在内的中华优秀传统文化，成为中华民族创造5000多年文明历史和灿烂文化的内生动力，并涵化于中华民族的精神血脉和品质中。

历史和现实证明，支撑中华民族走到今天的重要资源，必定包括植根于中华民族血脉中，以“自强不息”等为代表的中华优秀传统文化。

伟大复兴，离不开中华儿女自强不息的精神气象

王学斌：习近平总书记指出：“‘天行健，君子以自强不息。’一个民族之所以伟大，根本就在于在任何困难和风险面前都从来不放弃、不退缩、不止步，百折不挠为自己的前途命运而奋斗。”

时代不断演变与拓展，对于“自强不息”的理解也需要继续阐释与创新。未来世界的主题，惟有不确定是最确定的，看不见的风险、摸不清的危机、想不到的挑战，仍旧接踵而至、不期而遇。

“岁寒，然后知松柏之后凋也。”这句古训实际道出了中华民族始终坚信与践行的信念，即使万山阻隔、千水纵横，中国人都必须自强不息，依靠“精神气象强大的自己”。未来中华民族的伟大复兴，亦是依靠无数国人用自强不息的精神，积跬步而达致的！

孙羽津：自强不息能够为社会主义核心价值观提供丰厚滋养。习近平总书记《在北京大学师生座谈会上的讲话》中特别提到了“自强不息”的理念，并指出“中华优秀传统文化已经成为中华民族的基因”，“我们提倡和弘扬社会主义核心价值观，必须从中汲取丰富营养”。从社会主义核心价值观来看，特别是个人和国家层面，与自强不息理念关系尤为密切。从个人层面来看，自强不息理念的提出，最初就是以培养君子人格为旨归的，这与爱国、敬业、诚信、友善等层面的核心价值观有着千丝万缕的联系。从国家层面来看，自强不息理念经过近代以来的转化与发展，特别是中国共产党人精神谱系的弘扬与拓殖，业已成为国家富强、民族复兴的强大精神动力，并实现了精神层面与物质层面的“自强”、个体层面与国家层面的“自强”的和谐统一。

自强不息能够为全面建设社会主义现代化国家、全面推进中华民族伟大复兴提供磅礴的精神伟力。百年伟大成就昭示着，在实现第二个百年奋斗目标，以中国式现代化全面推进中华民族伟大复兴的进程中，特别是在具有许多新的历史特点的伟大斗争中，自强不息精神必将发挥其更持久更坚韧的精神力量。习近平总书记曾强调：“中国有自强不息的光荣传统，一切打压和遏制只会激发中国人民的意志和热情。”

自强不息能够为人类社会的和平发展提供中国智慧。习近平总书记《在纪念孔子诞辰2565周年国际学术研讨会暨国际儒学联合会第五届会员大会开幕会上的讲话》中指出，“世界上一些有识之士认为，包括儒家思想在内的中国优秀传统文化中蕴藏着解决当代人类面临的难题的重要启示”，旋即列举了自强不息的思想理念。

在中华优秀传统文化看来，自强不息的终极旨归，不是争强好胜、谋求霸权、倚强凌弱，而是文明体的自我完善和发展。随着国际人文交流合作的深入开展，我们相信越来越多的有识之士会了解并认同自强不息所包含的天道意识以及“和而不流”“中立而不倚”的道德关怀，这对于促进人类社会的和平与发展，当不无助益。

翟金明：党的十八大以来，中国特色社会主义进入新时代，习近平总书记高度重视自强不息的重要价值，指出：“在漫长的历史进程中，中华民族以自强不息的决心和意志，筚路蓝缕，跋山涉水，走过了不同于世界其他文明体的发展历程。”可见，自强不息对于中国共产党、中国人民都具有重大意义。

习近平总书记在党的二十大报告中强调要做到“六个必须坚持”，其中包括“必须坚持自信自立”“必须坚持守正创新”。“自信自强、守正创新”，正是党的二十大报告主题的重要内容。新时代这十年取得的历史性成就、发生的历史性变革，充分体现了自强不息精神的重要性。

要做到自强不息，离不开自我革新、自我革命的壮举。正如《大学》所载商汤的《盘铭》“苟日新，日日新，又日新”，旨在激励人们自强不息，创新不已。

中国共产党是领导我们事业的核心力量，勇于自我革命是中国共产党区别于其他政党的显著标志。在党的十九届六中全会上，深刻总结新时代全面从严治党的生动实践和丰富经验，习近平总书记明确提出，自我革命是我们党给出的跳出历史周期率的第二个答案。2023年1月9日，习近平总书记在二十届中央纪委二次全会上发表重要讲话，强调要“发扬彻底的自我革命精神”“把党的伟大自我革命进行到底”。这其中无疑隐含着自强不息的精神底蕴。

王学斌：作为“自强不息”精神的传承者，我们所能做的，便是秉着“天道远，人道迩”的原则，如同我们的先贤一样，以有限之智思终极之问，凭有涯之生求无涯之业，一代代做下去，一辈辈传下来，于是个体的不够强就融汇成团队的足够强，生命的有休止就连缀成民族的永不息。

结语

中华文明智慧结晶的恒久价值

主持人：刘同华（中央纪委国家监委新闻传播中心文化部副主任，主任记者）

嘉　宾：王学斌（中央党校文史教研部教授）

中华文明塑造了中华民族的精神性格，可谓中国人的基本生命特质

刘同华：中华优秀传统文化是中华文明的智慧结晶和精华所在，是中华民族的根和魂，是我们在世界文化激荡中站稳脚跟的根基。这是中华民族的突出优势，也是我们区别于其他民族的独特标识。从文明产生、演进的视角，怎样理解其突出优势与独特标识？

王学斌：习近平总书记在2022年5月27日中央政治局集体学习时强调："中华文明源远流长、博大精深，是中华民族独特的精神标识，是当代中国文化的根基，是维系全世界华人的精神纽带，也是中国文化创新的宝藏。"加强对中华文明的起源、形成、发展的研究与阐释，是关乎国运兴衰、关系中华民族精神独立性的大问题。为了更为深刻且精准地把握中华优秀传统文化的智慧与内核，势必需要更好地理解其突出优势和独特标识。

这也是党的二十大报告为何特意部署"坚守中华文化立场，提炼展示中华文明的精神标识和文化精髓，加快构建中国话语和中国叙事体系，讲好中国故事、传播好中国声音，展现可信、可爱、可敬的中国形象"这一重要任务的初衷所在。

中华文明起源于农耕文明。著名考古学家苏秉琦先生曾提出中国文明起源"满天星斗"的形象描述："一时，中华大地文明火花，真如满天星斗，星星之火已成燎原之势。"中华文明最为重要的发祥地或核心区域，非中原地区莫属，故另一位著名考古学家严文明先生将中华文明多元一体的发展进一步阐释为以中原为核心的“重瓣花朵”模式，中原是花心，围绕花心的是甘青、辽河、山东、长江流域等第二层花瓣，再向外是第三层。

农业远在距今一万年前诞生于中原地区。这一区域的黄河自古以来便不是一条安流。“善淤、善决、善徙”是黄河的特性，“三年两决口，百年一改道”更是它的真实写照。

有这样的挑战，但不至于扼杀文明，这意味着中原地区的先民们并不是生活在一个舒适的环境当中，需要时时刻刻竭尽全力与大自然作斗争，才可能保证温饱。唯有施展与发挥个体主观能动性至极致，兼顾调节好个人之间、个人与群体、群体与群体、个人与群体、国家间的多层关系，个人、民族、国家、文明才有可能臻于佳境，“修身齐家治国平天下”的理念由之而生，且发扬光大。

在与大自然的不懈交锋交融中，中原先民培育出了一种自强不息、百折不挠的可贵品质，这种品质与黄土黄河密不可分。黄土算不上多么肥沃，黄河也谈不上多么温和，只有人类的不舍努力，有一分气力放下去就出一分东西，放两分生出两分，不放就一无所有。自然而然一种近乎“实践理性”的思维方式逐渐形成：人类施加于外部世界的作用会有规律地产生结果；世间万物不仅因果相连，且这种关系是稳定的。于是中华文明从很早就逐渐淡化了有神论的思维模式，这也是“德行焉求福，故祭祀而寡”“仁义焉求吉，故卜筮而希”等理念在先秦时期即开始流行的缘故所在。

进而言之，中原先民为了获取更大更好的生存空间，还需要一起向周边扩展，势必需要进行必要的社会力量和政治组织的整合，这自然也促使他们为了战胜困难，在残酷的竞争中胜出，而须养成一种集体主义精神，具备较为强烈的共同体意识，使每位成员都清楚地认识到：个体只有充分融入到集体（该“集体”可以是家族、宗族或国家）之中，充分协调个人与个人、个人与集体的利益关系，充分依靠集体的智慧和力量，才能获得最大的生存与成长空间。易言之，在绝大多数情况下，群体越大，社会政治整合程度越高，国家越发达，个人与组织的生存空间和发展空间就会越大。这恐怕也是中原文明与西亚、两河、地中海文明的极大不同之一。

至此，我们大概可以推断，正肇因于客观的地理格局和自然环境，中原先民与之密切互动、相伴相生，从而塑造了中华文明最基本的一些精神属性或文化基因：一种可以视为源自日常经验的具有鲜明实践理性底色的思维方式，其态度温文尔雅，其为人能屈能伸，其处事达致中庸，其治理和合共生，其生产吃苦耐劳，其生存百折不挠……恰恰与党的二十大报告中所列举的中华文明的智慧结晶（天下为公、民为邦本、为政以德、革故鼎新、任人唯贤、天人合一、自强不息、厚德载物、讲信修睦、亲仁善邻）相互对应。说明千百载来，以中原文明为代表的中华文明塑造了中华民族的精神性格，这些可谓中国人的基本生命特质，更是我们立足于当今世界的突出优势与独特标识。

中国文化基因形成之后并非一成不变，而是因时因势海纳百川，将众多溪流江河汇入一脉，在历史进程中自强不息

刘同华：中华文明的智慧结晶，是中华民族日用而不觉的文化基因，而且生生不息、经久不衰、与日俱新。为什么说这种日用而不觉的文化基因，是实现中华民族伟大复兴的精神力量？

王学斌： 这种文化基因非常重要，且并非如散珠般彼此独存，而是仿佛一串弥足珍贵的项链，有机关联，共同发力。换言之，真正对实现中华民族伟大复兴产生莫大作用的精神力量之一，是中国文化基因的理念体系。2020年9月22日，习近平总书记在教育文化卫生体育领域专家代表座谈会上指出，“要深入研究中华文明、中华文化的起源和特质，形成较为完整的中国文化基因的理念体系”。

何谓“中国文化基因”？这是指保证中华文明绵延五千多年不曾断裂、屡经冲击不脱底色、固本培元且又与时俱进、开放包容、乐与他者交流的基本文化因素。究其特质，首先，中国文化基因尊崇“大道”。早在先秦时期，诸子百家皆奉“道”为最高价值，道家认为“道生一，一生二，二生三，三生万物”，儒家主张“大道之行也，天下为公”，法家亦肯定“万物各异理，而道尽稽万物之理”。故而中国人历来重视人与自然、人与社会、人与群体及人与自身的关系。其次，中国文化基因倡导“中和”。《论语》记载孔子名言“君子和而不同，小人同而不和”，《中庸》有言，“喜、怒、哀、乐之未发，谓之中。发而皆中节，谓之和。中也者，天下之大本也。和也者，天下之达道也。致中和，天地位焉，万物育焉”。守中致和实乃千百年来中国人所遵循的处世宗旨。再次，中国文化基因秉持“仁义”。“亲亲而仁民，仁民而爱物”，“生，亦我所欲也，义，亦我所欲也。二者不可得兼，舍生而取义者也”。不妨作一譬喻，假如“仁”是一条连接社会系统各个要素、社会不同阶层、理论各派学说的桥梁和纽带，那促使人们无所畏惧地践行这条通达四方之仁路的，就是“义”。最后，中国文化基因与时偕行。《易经》道：“损益盈虚，与时偕行。”中国文化基因形成之后并非一成不变、趋于僵化，而是因时因势而变，好比海纳百川，将儒释道众多溪流江河汇入一脉，在历史进程中自强不息，不断整合其他异质文化资源以发展完善自身。

因而，数千载来，中国文化基因以“大道”为至高意义，秉“中和”为总体原则，将“仁义”当作实践途径，视变革为必经阶段，从而兼普遍性、独特性、变异性和选择性于一身，愈经历沧桑愈焕发光彩，愈积淀岁月愈厚重博大。

可见，五千多年来积累存续的中国文化基因便是中华民族自立自强的力量所在，而形成较为完整的中国文化基因理念体系则是中国特色社会主义伟大事业持续长久的关键支撑。

百年的结合历程，无可争议地证明了马克思主义基本原理同中华优秀传统文化之间是深深相契且道理相合的

刘同华：习近平总书记在党的二十大报告中指出，中华文明的智慧结晶同科学社会主义价值观主张具有高度契合性。我们怎样理解这一深刻论断？

王学斌：这也是一个非常具有学理性难度的大课题。关于二者的高度契合性，简言之，从线性历史的维度来看，马克思主义基本原理同中华优秀传统文化相结合，已走过了百年历程，自1921年中国

共产党创立初期的初步结合，到1943年5月，中共中央在《关于共产国际执委主席团提议解散共产国际的决定》中指出："要使得马克思列宁主义这一革命科学更进一步地和中国革命实践、中国历史、中国文化深相结合起来。"再到2021年3月24日，习近平总书记在福建考察时强调："要把坚持马克思主义同弘扬中华优秀传统文化有机结合起来，坚定不移走中国特色社会主义道路。"

自"初步结合""深相结合"至"有机结合"，随着中国共产党人对马克思主义基本原理的领悟愈来愈深，对中华优秀传统文化的把握越来越准，"第二个结合"愈益彰显出理论的光芒与文化的底蕴。放眼未来，这两大思想文化体系，当继续沿着创造性转化、创新性发展的路径，在回应时代问题的探索中，达到一种更高层次和意义上的"结合"，即创造性地"融合"。

倘若说"融合"是面向未来的长远目标，"结合"是回顾百年的成功路径，那毫无疑问"契合"则意味着彼此互通的内在可能。当然，百年的结合历程已用无可争议的诸多伟大创造与天才创新，证明了马克思主义基本原理同中华优秀传统文化之间是深深相契且道理相合的。

故立足新的历史起点与征程，我们重返原点，去探寻二者的“可能性”，则不再只是追问“是否可能”，而是总结“因何可能”，进而更好地为今后“把马克思主义思想精髓同中华优秀传统文化精华贯通起来、同人民群众日用而不觉的共同价值观念融通起来”积累可贵经验。

我们必须清醒认识到，马克思主义主要由哲学、政治经济学、科学社会主义三大组成部分构成。这三大组成部分分别来源于德国古典哲学、英国古典政治经济学、法国空想社会主义，然而，最终升华为马克思主义的根本原因，是马克思对所处的时代和世界的深入考察，是马克思对人类社会发展规律的深刻把握，故而具有强烈的时代感与内在的现代性。相对应的，正如前文所言，中华文明是农耕文明的产物，我国农耕文明源远流长、博大精深，是中华优秀传统文化的根。

正因为如此，中华优秀传统文化与马克思主义基本原理相结合的过程，实际上属于一种“有选择性的亲和”，并非一一对应的机械复制粘贴，亦非此消彼长的互相竞争替代。这势必需要中国共产党人既要善于进行“传统的发现”，找到中华优秀传统文化可与马克思主义基本原理深入契合处，为科学理论深深扎根中国筑牢基石，又当善于进行“传统的发明”，用马克思主义基本原理激活长存华夏文明之内的文化基因，为优秀文化的久久承继弘扬创造条件。尚需说明的是，马克思主义基本原理同中华优秀传统文化相结合，属于两大思想文化体系的相通互容，并非简单理念上之一一对应，更无“照方抓药”式的模板可供依循。该伟大创举是在波澜壮阔的百余年历程中通过无数次的实践探索而从无到有、蔚为大观的。